YORO

BOSHI

わたしたちはみな弱法師《よろぼし》である

千葉万美子
Mamiko Chiba

二十四年目の弱法師～まえがきとして

二〇二〇年が明けて間もなく新型コロナウイルスの感染が日本でも確認され、二〇二一年春の今も世界中で感染拡大は収まっていない。

この間七月末まで私の住む岩手県は長く感染者ゼロであったが、それでも人々は、今思えば、過剰に怖がり右往左往した。

三月、私自身も富山県の高齢者住宅に住む母との面会を見合わせて欲しいと要請され、予定していた実家への帰省を取りやめた。行くつもりだった能の公演がいくつも中止や延期になった。東京から県境を越えて指導にいらっしゃれないので先生による謡と仕舞の稽古が休みになった。四月、東京はじめ七都府県対象の緊急事態宣言が発令されたのを機に、私が所属する会の「謡と仕舞の会」も秋に延期することが決まった。

仲間の要望があり、いくつかの習い事が休みになった。私自身は普段からそんなに沢山の人と接する生活をしていない。食料品も本も宅配に頼っており、外を出歩かない。感染しようにも感染しようがない。人に移すウイルスを持ち合わせていない自信があったから、逆に数少ない外出機会にはマスク着用、建物の出入りの都度、手指消毒を徹底しながら今まで通りに赴いた。片付けの時間が増え、不用品を捨て、長らく着ていない衣類をリユースに出した。

そして、急にできた自分だけの時間で、これまで岩手日報の「みちのく随想」などに書いてきた能楽に関わる文章をまとめる作業を始めたのだった。

冒頭に掲げた「弱法師」は、高校生の時に失明した兄と、私の能楽の師・佐々木宗生師が演じた能「弱法師」とを重ね、感じ考えたことを書いた。それは今二十六歳の長女を妊娠中に東京は目黒、喜多能楽堂で観た舞台であったが、この作品で岩手日報文学賞随筆賞をいただいた。執筆時はもうすぐ二十四歳になる次女を妊娠中で、つわりでぐったりしている自分に喝を入れて一気に書きあげた。

作品中で触れているように、宗生師よりお送りいただいた一冊の能楽解説書の写真から舞台を観た当時の記憶を蘇らせて書いた。今回作品をまとめるにあたり、自分の記憶が喜多流の型と著しく異なる部分を修正した。

作品は基本的に時間の流れに沿って並べた。子が生まれ同時に随筆作品が生まれ始めた頃、子育てに奔走しつつ能楽の稽古をし書きたい心を育てていた頃、子が育った喜びの一方親の老いに直面した頃、そして私たちの子ども世代が今度は親になって子を育て始めようとしている今、これから。

当初は能楽について書いたもののみ集めるつもりだったが、岩手日報の一字署名コラム「交差点」で書いてきた文章のうち、読む、育む、感じる、考える、書く、演じる、表現する、伝えるといったことについて書いた文章も合わせて編むことにした。編んでみると、能楽のテーマと通い合うように思う。

わたしたちはみな弱法師である
目次

Ⅱ　2003年－2012年

Ⅲ　2013年－2020年

※カバーの意匠は、能装束の腰帯と浅葱地水衣（佐々木家所蔵）。

I

1997年-2002年

弱法師《よろぼし》

二歳の娘はようやく休み、夫も書斎に戻った。夜の十時から二時間ほどがひとりで過ごす静かで大切なときだ。届けられたばかりの能の解説書をまずは写真だけ眺めていた。

ここ数年演じられた能の、しかも中堅、若手の写真を主に選んだことで、すがすがしく爽やかな印象の本になっている。能の曲まで新しい解釈を施されたかのように生き生きと映る。

写真だけでもこれだけの魅力なのだから、実際はさぞかし、と能舞台から遠い子育て中心の暮らしがふと恨めしかった。それでもページをめくっていくうちに、かつて見た曲にもいくつか出会えた。「大原御幸《おはらごこう》」「花筐《はながたみ》」、あいうえお順に編まれたもう最後の最後、ページを開くなり、あ、と声にも出していた。

「弱法師※」

黒頭《くろがしら》※、浅葱色《あさぎいろ》※の水衣《みずごろも》※、厚板《あついた》※という小袖の格子模様に見覚えがあった。やっぱりS師だ。

三年前の冬、夫の反対を押し切って、大きなおなかで、師の舞台を見に東京まで出かけた。それほど能が好きなのか、それほど師匠の芸に傾倒しているのか、それほど「弱法師」が見たかったのか。

それももちろん、ある。だが、一番大きな理由は、やがて始まる子育て中心の生活の中で、一度や二度でなく不自由を嘆くであろう自分が見えていたからだった。情けない自分をあらかじめなだめておきたかった。

「弱法師」は、家を追われ悲しみのあまり盲目となった少年が、逆境の中で仏を賛嘆し、悟りの境地にいることを、春彼岸の中日の天王寺を背景に描いた作品である。西に向かい日没を見て極楽浄土を観想する「日想観《にっそうかん》」※を拝むことでも特徴のあるものだ。

夕日を拝みながら、かつて見慣れていた難波の美景を心に浮かべ、ものは心で見るのだから、盲目であってもなんの不自由もないと達観する。

満目青山《まんもくせいざん》は心にあり。

シテ※はここで左手を胸に当てる。ここでS師は常より少し下に手を当てられた。腹、ではないが、私には腹に、思いを込めて胸の奥の奥、心の底の底に手を当てられたように見えた。長い時間じっくりと演じられたように思われて実際は一瞬の型だ。すぐに、おう見るぞとよ、見るぞとよ、と一足《いっそく》ぐっと前に出、手にした杖をしかと突く。

短い型だから、常のように胸に手を当てたのでは、軽い、と私も即座に師の解釈に賛成した。師の工夫が本当は何を意図した上でのものかはわからない。しかし、私には苦しみ哀しみの多い年月を送ってきた者が真に悟ったとすれば、気軽に胸をたたいて「悟ったよ」、では済まないと思われた。

来し方の何もかもが、良かったことも苦しかったことも、いま「満目青山は心にあり」と言わせているのだから、心の底の底に静まっているそれらと握手でもするようにじっくりと手を当ててこそ、シテの悟りがしみじみと表現されるのではないだろうか。

そのようなシテに十五歳で失明した兄を重ねて、私は深く肯いていた。

兄は光を失った直後、病院のベッドでふとんをかぶり声を殺して一日泣いた、という。自分の運命を嘆く姿を人に見せたのはそれが最後、翌日には点字を習うと言い出した。やがて希望の東京大学に入学し、大学院進学、アメリカ留学を果たし、大学にも職を得た。結婚をし、二人の女の子にも恵まれた。

身の上を嘆かず、与えられた場で精一杯力を尽くし自分の才能を育んでいく。物事の明るい面を見る。そういう人なら「満目青山は心にあり」と言えるのではないか。

だが、今、目の前の写真は、シテの身に付けた装束の色に引かれてか、舞台全体が洗い晒したようにしみじみと清らかに寂しい。あたかも泣きはらした顔を真っすぐに上げて、静かに笑っているようだ。

よく考えてみれば、「満目青山は心にあり」は目の見える、見えないにかかわらず、真実、そして理想だ。しかし、人として生まれてそう悟れる者はどれだけいるだろう。残念なことだが、なかなかこうは思えないものだなあ、というあたりが人としての最上の悟りなのではないか。「満目青山は心にあり」と心から言える自分でありたいと願っているが、なかなかそうはいかない。だが、かくありたいとの祈りを込めて、時に励ましとして、自分に言い聞かせるように、胸の奥の奥、心の底の底に、深く手を当てるのではないか。

多くの舞台から師の写真が選ばれたのも著者がそこに共感されたからではないか。

もとよりも心の闇はありぬべし。

登場してまもなくシテが謡う。誰にももともと心の闇はあるだろう、と。私たちはみな「弱法師」である。

注…【弱法師】能の曲目分類における四番目物。四番目物とは一日に五番演じられていた時の四番目に上演された演目の一群。他の四種類は分類の基準が比較的明確で、四番目物とは初番目、二番目、三番目、五番目ではないすべての曲。【黒頭】黒毛のかつら。【浅葱色】薄い藍色。【水衣】能・狂言の装束。僧衣や作業着を表す薄い上着。【厚板】能・狂言の装束。板のように厚い生地で作った小袖。織の名にして装束名。役によって全身、もしくは上半身を被う上着。【日想観】観無量寿経の観の一つ。喜多流謡本ではじっそうがんと謡う。【シテ】主人公。

弱法師《よろぼし》 あらすじ

陰暦二月、春彼岸の頃、摂津国（今の大阪府）天王寺。讒言《ざんげん》によりわが子俊徳丸を家から追った父は、それを不憫に思い直し、天王寺の境内で七日間の施業を行っている。

一方家を追われた俊徳丸は天王寺の乞食の群れに入り、悲嘆のあまり盲目となった。時流れ、俊徳丸は逆境の中で仏を讃嘆し悟りの境地に至る。

その天王寺で父子は再会し相携え里に帰っていく。

弱法師　佐々木宗生師所演

羽衣

謡《うたい》や仕舞《しまい》、太鼓などの稽古を始めて十年ほどにすぎない私でも、祝いの席でもう幾度も「羽衣※」を舞い、謡った。謡、仕舞になじみのない顔ぶれの前では太鼓や小鼓で「羽衣」の演奏をして寿《ことほ》いだ。

結婚式、新年会、祝賀会、めでたい席にはたいていこの曲を所望されたし、自分でも演じたかった。一曲の見せ場である「仕舞どころ」に天上界さながらの春景色の素晴らしさを称えたり、地上に数々の宝を降らしたりする詞があって、祝言にふさわしい。また、シテの天女の心持ちで着物や袴を吟味し、華やかにおおらかに演じると、こちらの気持も華やぎ楽しかった。

この曲を初めて中尊寺の能舞台で舞ったのは習いたてのころ。

次の曲は「羽衣」、と師から告げられたときからすでに嬉しく、発表会当日の舞のあとでいただいたありがたい言葉も忘れない。

あなたが仕舞を舞っている時、外国人の観光客が数人見所《けんしょ》※にいらした、あなたの舞をあの人たちにお見せできてよかった、と先生はおっしゃったのだ。

過分のお言葉、私は殊勝に頭を下げたものだが、内心は飛び上がらんばかり。ただし、いくらうぬぼれ屋の私でも、初心の頃のこと、これは仕舞が上手だと褒められたのではないな、とはわかった。

結局、最も能らしく、最も親しみやすい曲、最も華麗で大らか、清らかな曲、若い天女の舞う「羽衣」をおそらく初めて能の世界に触れたであろう外国の客人に見せることができてよかった、とおっしゃりたかったのだろう。そして、私の舞に取り柄があるとすれば、比較的若い女性が天女を舞うことで、能舞台と縁遠い人々にもいくらかは分かりやすくなった、ということではなかったか。

このように私は「羽衣」を、純粋さ、清らかさ、爽やかさ、華やかさ、大らかさ、など人としての理想を天人に託した曲であり、天人が舞うことで地上の人間を清めるからありがたく、めでたい、と長く解釈してきた。

だが、それだけではこの曲の理解は半分に過ぎないだろう。そう思うようになったのは私の好きな作家秦恒平《はたこうへい》氏※の短編『畜生塚』との出会いがきっかけであった。

この中で女主人公町子が語り手の「私」に漁夫白龍《はくりょう》が天人に羽衣を返そうとするあたりのやりとりが好きだ、と告げるくだりがある。天人の嘆きが深いので羽衣を返すから舞え、と白龍が言う。羽衣がなくては舞えないからまず返してほしい、と天人。返してしまえば、舞わずに天に上ってしまうだろう、と疑う白龍。

いや疑《うたがい》は人間にあり、天に偽《いつわり》無きものを。

ここで町子は、天人のこの一句は人間界の苦しみ悲しみを衝いているが、次の白龍の一言は天人の言葉以上に感動的だ、と言う。何の弁解もなく反発もなく、言下に、あら恥ずかしやさらばとて、と衣を返す。この対話の中で、天に対する人の優しさ美しさを的確に表現しきっている。

また、白龍の心には何かしら人としての理想が宿っている、と町子は続け、しかし、あら恥ずかしや、さらばとて、となかなかこうは言えないものだと微笑する。

羽衣を返す行為を通して、疑いも偽りもない天人のところまで自分を高めようとしたのではないか、と作中の「私」は言い換えてみる。人間の持つ楽しさも哀れさもない、そのようなところへは行きたくもないし、行かれもしない、白龍は天人の言葉を恥じることで、人としての分限と理想を心にしっかりと宿したのだと言う。

作中の「私」同様、私もこの曲ではあとの優雅な舞を重く見て、衣を返す、返さないのやりとりはあってもなくても構わないように考えてきた。だから、町子、すなわち作者秦恒平氏のこの鑑賞は新鮮であった。

「羽衣」の佳さ、めでたさは、疑い、偽りなど邪《よこしま》なもののまったくない心持ちにはしょせん人間がなかなか至れるものではない、という決して投げやりではない諦めと、人間のめざす理想、その第一のものとして大きなものの前で自然と頭を下げられる素直さを身に宿した白龍の存在にもあるのではないだろうか。

自分はだめだなあ、欠点だらけで、と思えるだけでもまあまあ立派ではないか。欠点をなかなか克服できない身に、これはなんとありがたい考えだろう。それはたちまち、心の中に根を下ろし、私を優しく救ってくれたが、どうかすると自分を甘く許すだけの思想になってしまう。

だから、私は「天人の理想」をも抱きつつ、「あら恥ずかしや、さらばとて」せめてこの言葉だけでも素直に口にできる者でありたいと願っている。

注…【羽衣】能の曲目分類における三番目物。一日に五番上演されていた時三番目、すなわち一日の中心に据えて上演された演目の一群。大部分は女性をシテとするので「鬘物《かずらもの》」とも言う。【見所】能楽堂の観客席。また、観客そのもののこともいう。【秦恒平】小説家。一九三五年京都生まれ。一九六九年『清経入水《じゅすい》』で太宰治賞受賞。能楽をはじめ日本の古典に関心が深く、それらをモチーフとした作品、評論が多い。

羽衣《はごろも》 あらすじ

春、駿河国（今の静岡県）。

漁師白龍《はくりょう》が三保の松原で松の枝にかかる美しい衣を見つけ、家に持ち帰ろうとする。そこへ天人が現れ、それは天の羽衣、たやすく人に与えるべきものではなく、またそれなしでは天に帰れない、と嘆く。

舞を見せたら返す、衣がなければ舞えない、先に衣を返したら舞わずに帰るだろう、といったやりとりのち、ようやく衣を受け取った天人は喜びの舞を舞いながら天に上って行く。

羽衣　佐々木多門師所演

待つ― 班女《はんじょ》・She who Waits

平成六年の夏、長女の誕生記念に浜口陽三《はまぐちようぞう》※の版画を求めたように、この冬生まれてくる子どものためにも何か、と頼んでいた画廊勤めの友人から重い荷物が届いたのは、岩手日報文学賞随筆賞※受賞の知らせとちょうど同じ頃だった。

あらかじめ写真で見せられていたガラスの立体作品の清潔さは実物でももちろん変わらず、作者、ポール・コスバーグ※が私とほぼ同じ年齢であるというのもなんとなく気に入って、これをやがて生まれてくる子どもへのプレゼントにすることに決めた。

ガラスはおおざっぱに言えば高さ五十センチほどの三角錐、磨かれた正面は鉾の形をし、削りのあとを残して微かに煙る別の二面はゆるやかな水の流れを連想させる。横八本の金線を内包し、その線と線との間に三日月やひとでや幾何学模様が刻まれている。抱えればずっしりと重い。

タイトルは『She who Waits』。

She、このガラスは女性なの。私は驚いた。

ガラスがそもそも持っている透明感や硬い質感、薄青い色から水、海底、宇宙、星、といったものを平凡に思い浮かべ、しかもそれらのうちの何かに見立てる必要も感じず、ただフォルムの美しさと、慎ましやかに通り抜けていく光の清らかさに見惚れていただけだったから、ガラスが何かを待っている女性だと知って本当に驚いた。そして、せっかく気に入った作品が受け身の女性なのか、と初めは少しがっかりもした。

待つ女、と聞いてすぐに思いだしたのが、能の「班女※」である。そして、それを自分流に現代化した三島由紀夫※の「班女」の方も。

能「班女」は契りを交わした男を嘆き悲しみ待ち暮らす遊女が、主に追い出され都へ狂い上って男とはからずも再会する、という筋である。その際、男が形見に置いてきた扇が約束の印となる。一方、三島の方は契りを交わした男を待つことは原曲と同じだが、最後に男が現れても女は彼とは認めない。男との再会を期待していたはずが、待つことそのものが目的となり、終生待ち続ける方を選ぶ。

主人公を待ち続ける女に変えたことで、待つことの一面、いわゆる、待つうちが花、という部分を際立たせ、決して待たない女、希望を持たない女、実子《じつこ》を新たに作り出し、この両極端の異常により、退廃的な三島の世界に「班女」を引き込み、単なる原曲のパロディに終わらない作品に仕上げている。

ただし、二十年ほど前に見た坂東玉三郎※主演の三島版「班女」は狂女物でも濃艶だが、清純な趣の能「班女」と同様の落ち着いて澄んだ舞台だった。玉三郎の力であろうし、待つ、というひたむきな行為の力であろう。

さて、コスバーグの作品だが、じっくり眺めても、何かを待っているようには見えてこない。何を待っているのかも、もちろんわからない。眺めながらふと考えついたのは、この作品が、待っている、とか待ち続けている、という状態を表しているのではなくて、待つ、という意思を表しているのではないかということだった。

意思、ならわかる。意思は決して受け身ではなくもっと積極的に前へ向かおうとする心にこそ宿るものだから、内に何事かを抱えて静かに存在しているこの作品に「待つ」というタイトルはやはりふさわしいのだろう。

画廊勤務の彼女からは随筆賞受賞を祝う手紙も届いた。それには「水の滴りが石に穴をうがつよう辛抱づよくあれ」「遅いということは美しい」等、正賞エリカ像の作者、舟越保武※さんが感動したロダン※の言葉が紹介してあり、「生きる勇気を人に与える作品を書きたいというあなたの考え方は今も昔も変わりなく、きっと〝思うところに風は吹く〟のだと思います」とあった。思いを胸に待っていれば風は吹いてくる、と。

彼女もまた、風を待ちながら、すっきりと深い覚悟で歩んでいる人である。

注…【浜口陽三】版画家。一九〇九年和歌山県生まれ二〇〇〇年に没す。銅版画の一種であるメゾチント技法の復興者。一九五七年サンパウロ国際版画ビエンナーレの版画大賞、東京国際版画ビエンナーレにおける国立近代美術館賞をダブル受賞。さくらんぼのモチーフなどが有名。【岩手日報文学賞随筆賞】岩手日報社主催の随筆賞、石川啄木と宮沢賢治を育んだ岩手県の文芸風土継承と活性化を期待し創設。【ポール・コスバーグ】ガラス作品作家。一九六二年米国生まれ。ガラス作品はキャスト（鋳造）技法。【班女】四番目物。能を五分類する名称「神・男・女・狂・鬼」のうちの「狂」の曲群の一つ。「班女」のように物狂いの女がシテである曲が多く含まれている。【三島由紀夫】小説家。一九二五年東京生まれ。一九七〇年没す。戦後日本の代表的作家でありノーベル文学賞の候補にもなっていた。一九五六年謡曲をテーマに『近代能楽集』を書いている。「班女」はその一編。【坂東玉三郎】歌舞伎俳優。女方。歌舞伎以外に蜷川幸雄演出の演劇など他のジャンルでも数多く演じた。三島由紀夫原作の『近代能楽集』の内「班女」もそのうちの一つ。【舟越保武】岩手県出身の彫刻家。一九一二年生まれ二〇〇二年没す。代表作は『長崎26殉教者記念像』（高村光太郎賞）、『原の城』（中原悌二郎賞）など多数。本県内では『はばたき』が県民会館正面脇に、秋田県では田沢湖畔に『たつこ像』が設置されている。文章も能くし、一九八三年『巨岩と花びら』で日本エッセイスト・クラブ賞受賞。岩手日報文学賞随筆賞の正賞は舟越保武作『エリカ像』。【ロダン】フランスの彫刻家。一八四〇年生まれ一九一七年没。「近代彫刻の父」と称される十九世紀を代表する彫刻家。主な作品に国立西洋美術館前庭の『考える人』、『地獄の門』、『カレーの市民』など。

班女《はんじょ》 あらすじ

秋、美濃国野上宿（今の岐阜県関ケ原あたり）。

遊女の花子は過日この宿に泊まり扇を取り交わして去った吉田の少将の再訪を待ち望み、その扇を眺めるばかりで勤めを怠っている。宿の長がそれをとがめ、花子を追い出す。

物狂いとなって都、糺《ただす》の森（下賀茂神社）までさまよい出た花子と、同じくこの森にやってきていた少将はお互いの持つ扇から相手とわかり、邂逅を喜び合う。

班女は中国前漢・成帝の寵妃ながらのちに遠ざけられた班婕妤《はんしょうよ》をさし、秋になって捨てられる夏の扇にその身を託した故事により、扇をもてあそぶ花子のあだ名とした。

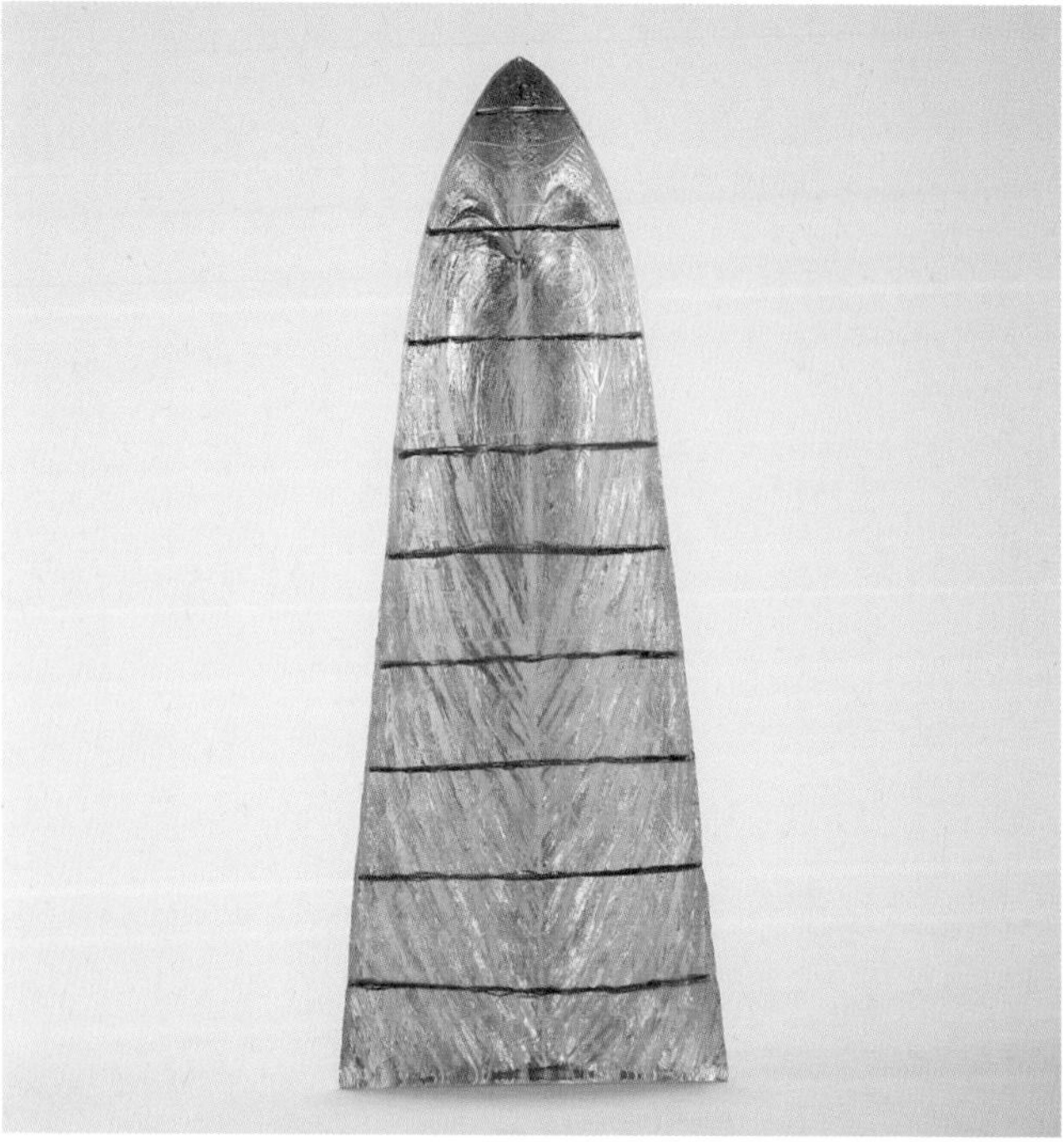

「She who Waits」作：ポール・コスバーグ

25

関寺小町《せきでらこまち》

一関の「名所」ジャズスポットベイシー※のマスターは面白い人である。

商売柄、ジャズと再生装置に精通しているのは当たり前かもしれないが、歌ごころがあって耳が良く、凝り性で誠実なのだろう。いかに佳い音を再生させるか、という話はこちらの知識を遥かに超えていながらなお引き付けられる。その苦心話は、ユーモアがあってテンポのいい文章で、講談社から本にもなった。

音に、あるいはベイシーさんの人となりに、あるいはその両方に惹かれ、さまざまな人々が店にやってきて時を過ごす。ミュージシャンや作家たちも交えて繰り広げられる会話は、単に言葉遊びを楽しんでいるかのように聞こえてそうではない。軽い笑いとともに語られる言葉に、きらりと光る真実がある。それも受け売りではない。ベイシーさんが自分で発見した「哲学」である。

何年か前、誰であったか往年のスターが亡くなったとき、あの新聞記事はひどいよね、とベイシーさんが切り出した。その人が誰にも看取られず、死後しばらくして見つかったことを、孤独な死、悲惨な最期、と哀れんだ上に、見出しの活字にギザギザのひび割れ模様の装飾をして、けしからん、というのであった。

「若い時に一年でも二年でも喝采を浴びた人生のどこが一体哀れなんだよ。立派でしょう。だって、大抵の人間は人に褒められることもなく死んでいくんだぜ。それを何だよ。あのギザギザは」

あはは、と笑いながら、私はなるほどと頷いていた。

能の「関寺小町」は近江関寺の僧が七夕に稚児たちを伴って、山蔭の藁屋に歌詠みの老女を訪ね、歌道について話を聞きに行くところから始まる。老女は老衰敗残の身を嘆き、しきりに昔を懐かしみつつも、稚児たちの優雅な志を喜び、歌の話を聞かせる。

自嘲と諦めの日々、それでも自然の移り変わりに心を動かして歌を詠むこともあるという老女は、美貌と歌の才に恵まれて華やかに時めいた小野小町の成れの果てであった。やがて、僧に誘われた七夕の祭りで稚児たちの舞を見、興に乗じて老女も自ら舞い、明け方近く元の藁屋に帰って行く。

この曲は、「老女物」と言われてどの流儀でも大切に扱われている大曲の中で、最も位の高い曲とされている。喜多流の祖、七太夫は一子相伝のこの曲を相伝なしで演じたかどで閉門の処分※を受けているくらいである。

この曲がかくも重い扱いを受けている理由を、解説書は亡霊ではなく現実の老女であるシテを演じる難しさ、七夕祭りのくだりまで藁屋の中に座りきりでいるため演技がしにくい、などとあげている。だが、これでは少し言葉が足りない気がする。

作者世阿弥は、この世に思いを残していてこそ出てくる亡霊や、激しく嘆いたり恨んだりして動く女の要素をシテに持たせたくなかったのではないか。

シテは、昔の帰る秋はなし、あら来し方恋しや、などと謡っているが、実は老いて世間から忘れられた今をさほど嘆いてはいないのだ、と私は思う。誰だって昔を懐かしむことがあるだろう。しかし、それはそれ。彼女は人生というものが何かを獲得することであるように見えている時でさえ、日々何かを喪失することだ、ともちろんとうに知っていたろう。人は生まれて、日々老い、やがて死んでいく。寂しい、哀れというなら、老いてからのちのことだけではないだろう。人生絶頂のさなかにさえ寂しさはひそんでいる。

シテはまた、人の生を、ただ槿花《きんか》一日の栄※に同じ、と謡う。人が生まれてやがて死んでいく、それはどのように生きてもいずれ一瞬、されど玉のような一瞬だ。それはよく生きれば、よく生きたと思えれば、一層輝きを増す。小町は佳く生きた若い自分を心の中できっと讃えている。

ベイシーのマスターは、あの老いたスターの一見孤独な死の中にひそんでいたかもしれない充実や諦念を知ろうともしない人々の愚かさを笑ったのだろう。

「関寺小町」は年齢がいってから初めて許される曲だという。シテの老来自然の姿、心を演じることは、舞い手自らも初めの老いにうろたえ、やがて真の老いに充足するような年になってからでないと無理だということだろう。

私もようやく不惑の年。老いを云々するのは、若くして「関寺小町」を演じるようなものだ。今日の日を何もわかっていなかったなあ、と笑って思い出す日がくるかもしれない。

いや、きっと来るだろう。

注…【ベイシー】岩手県一関市にあるジャズ喫茶。ジャズ、オーディオマニアで知らない人はいない、いわば聖地。県内外からの来訪客で常に賑わっている。岩手なのに店の扉を開けると芸能人がいたりする。マスター菅原正二氏は一九四二年岩手県一関市生まれ、早稲田大学ハイソサエティ・オーケストラでバンド・マスター、ドラマーとして、また、プロドラマーとして活躍後、一九七〇年帰郷、「ベイシー」を開く。【閉門の処分】文中にもある通り、喜多流の祖、七太夫は一子相伝の「関寺小町」を相伝なしで演じたかどで幕府より閉門の処分を受けている。そのため、喜多流能楽師は公の場にて「関寺小町」を演じない。【槿花一日の栄】槿花はむくげの花。朝に開いて夕べにはしぼむことから、栄華がはかないことのたとえに使われる。

関寺小町《せきでらこまち》 あらすじ

夏は七夕、近江国（今の滋賀県）。

関寺の僧が稚児たちを伴って山陰の藁屋に住む歌詠みの老女を訪ねる。歌の話を聞いているうちに、老女は小野小町であると知れる。

懐旧の情にむせぶ小町を僧は星祭りの庭に誘う。稚児の舞に興を催して、老いた小町はよろよろと舞い、やがて藁屋へ帰っていく。

茶碗「皓月」作：高橋朋子

清《きよ》まはる

「『羽衣』はやさしいお能ですから、子供にもできますが、ほんとは一番むつかしい曲なんです」白洲正子《しらすまさこ》※さんの著書『両性具有の美』（新潮社）の「天女の舞」という文章の中で紹介されている喜多流の故友枝喜久夫《ともえだきくお》※師の言葉である。

世阿弥が『二曲三体人形図』で天女の舞を「曲風を大嵩《おおがさ》にあてがいて、五体に心力を入満して、舞を舞ひ、舞に舞はれ、浅深をあらはし、花鳥春風に飛随するが如く、妙風幽曲の遠見を成《なし》て、皮肉骨を一力体に風号連曲すべし。返々《かへすがへす》、大舞《おほまい》也。能々《よくよく》稽古習学あるべし」と説明している。そのような、すべてを忘れて無心に舞っているような「羽衣」の天人にたった一度だけ出会ったことがある。それは友枝師の舞であった。後に白洲さんがそのときの舞について話をうかがったところ、冒頭の言葉を友枝師はおっしゃったという。

師はそれだけしか言わなかったそうだから、言葉の真意は想像するしかない。が、感覚的に、わかる、という気がする。

謡や舞の型などはやさしいかもしれないが、この曲が持っている大らかさ、華やかさ、清らかさ、爽やかさなど、どれひとつとってもそのひとつひとつが大きく、深く、しかも内側が多くの大切なもので満たされながら軽やか、ということを表現するのは難しいと思える。

私は「羽衣」がいちばん好きだ。

いちばん好き、と言い切れることが、また嬉しい。

位の高い曲、難しい曲は他にたくさんあるだろう。また、能の人気曲を「湯谷松風米の飯」などと言ったりする。けれど好きな曲のアンケートを取ると「羽衣」と答える人が「湯谷」「松風」より多い気がするが、どうだろう。

世界中に流布されている白鳥伝説は、その多くが下界に降り下った天女が人間と結婚して子をもうけたのち天に帰っていく筋となっており、したがって、その別れは当然せつない。ところが「羽衣」だけは天人の舞姿と春の喜びを描くことが中心、と独自の主張がある。天人が空高く上って消えていくのを、見所《けんしょ》はせつないよりありがたく見送る。

では、白龍はどうだろう。漁師白龍は別れのとき、おそらくはありがたさと同時にわけのわからぬ寂しさを感じたのではないか。しかし、作者はこの際それをさっぱりと切り捨てて祝福のみの曲にしたてている。

筋が平明で、大らか、清らか、華やかな趣が喜ばれて「羽衣」はしばしば上演される。そのためかこの曲はむしろ平凡でありきたり、わかりやすく一般的なものとして軽く考えられているように見える。能の解説書などで、写真など小さく扱われていたりするとがっかりする。見開き二ページにカラーで掲載してもまだ足りないくらいの大きな内容の曲であるのに。

人には、平凡なもの、一般的なものを避けたいという心持ちがある。その世界に通じてくるとますますその傾向を強めたりする。しかし、それは大きなもの、本当のものを捨てて、線の細いものを選び取っているにすぎない場合が往々にしてあるのではないか。

冒頭の友枝師の言葉はその点に関する戒めとも受け止められる。

中尊寺の能舞台で初めて「羽衣」の仕舞を舞って嬉しかった、という十年ほど前の私の手紙に作家の秦恒平先生は「羽衣」は好きな曲、胸のうちの清まはる曲だ、と返事をくださった。
　私のような素人の舞う「羽衣」に見る人を清める力があるとは思わない。しかし、自分自身が清まはるよう願って舞いたい。

注…【白洲正子】随筆家。一九一〇年東京生まれ一九九八年没す。幼少時より梅若流（観世流梅若）の能楽に親しみ、女性として初めて能楽堂の舞台にあがる。一九二九年白洲次郎と結婚。一九六四年『能面』で読売文学賞受賞。喜多流能楽師友枝喜久夫と親交があった。【友枝喜久夫】喜多流能楽師。一九〇八年熊本藩お抱え能役者の家に生まれ、一九九六年没す。現喜多流宗家預り友枝昭世師の父。

羽衣　友枝昭世師所演

敦《あつ》盛《もり》

平家にはあまり心を寄せて来なかった。

小学校の社会科で、平家は驕れるものであり、その愚かさが必然的に滅びを招いたとまず教わったからだろう。「武士の世」到来を告げる歴史の必然を現代の高みから眺めて批評しているに過ぎないのだが、この争いに関しては断然源氏の肩を持つ身で、西海に次々敗れ死んでいく平家の哀れはそれでも心に沁みた。中でも平敦盛を思うとき、高い青い空に哀しいほど澄んだ風が渡っていく。

番組編成の上で二番目物※と言われる能は、源平の武将が戦いに命を落としたのち修羅道に落ちた苦しみを描くものがほとんどであるところから、修羅物とも言われる。これらの中で「敦盛」は珍しく修羅の苦しみを訴えない。実は「敦盛」の他にも「忠度《ただのり》」や「頼政《よりまさ》」「実盛《さねもり》」など世阿弥の二番目物にはそうした曲が多いが、ここでは「敦盛」だけを考えたい。

「敦盛」は修羅物であれば通常演じる「カケリ※」という苦しみや物狂いの心を表現する所作をせず、舞を舞う。他流では「中ノ舞※」を舞うが、これは武将というより戦死のときまで笛をたしなんだ風流人というところに力点を置いた解釈がなされているからだろう。一方喜多流では、颯爽と「男舞※」を舞わせる。いかに風雅の人とはいえ、敦盛はあくまでも武将だという解釈ではないだろうか。

実際敦盛は、一ノ谷の負け戦で一門が皆々逃れようと乗り込んだ船に遅れ、沖を目指して海中に駒を進めようとしたところ、熊谷直実《なおざね》に、敵に後ろを見せる者があろうか、帰られよ、と呼び止められて戻るのである。死を覚悟で。さらにその後、組み伏せた相手がちょうど息子と同じ年頃の美しい若武者であるため助けようと直実はするのだが、敦盛はそれを潔しとしない。そうこうするうちに源氏の軍勢が迫ってきたので他の者の手にかかるよりは、と直実は敦盛の首を打ち落とす。

敦盛はわずか十六歳。しかし、自身をしっかりと武士と定めていたのだ。男舞を舞う喜多流の演出はこのような敦盛の心を深く酌んだもの、情けのあるものと感心させられる。

さて、いずれの舞を舞うにしろ、修羅の苦しみを訴えない、作者が訴えさせなかったわけはなんだろう。この能が果てたあとの清々しさ、それゆえの深い寂しさはなんだろう。

私は敦盛の亡霊が、彼を死なせた熊谷直実を、彼に死なれ死なせたと感じて苦しんでいるすべての人々を、慰めいたわるために出てきているように思う。「敦盛」の物語にふれて彼の死を哀れんでいる現代の私たちをも含めて。さらには、誰か大切な人を亡くして悲しみを胸に生きている人たちをも慰め励ましに現れてきているように思える。

あなたはもう十分悲しんでくれた、だからもう嘆かないで欲しい、あなたの祈りのおかげで私はここで安らかだ、と。

愛する人、大事な人に死なれ死なせて嘆き苦しむ。嘆き苦しみながら、ついにそこから抜け出そうと意識して、あるいは無意識にする行為、態度を精神医学では「悲哀の仕事」というそうだ。

熊谷の「悲哀の仕事」に敦盛は感謝して、自分はあの世でかくも凛々しくある、しんぱいするな、と颯爽と舞って見せてくれたのではないか。

「敦盛」の謡曲は詞を黙読してもしみじみと趣深い。しかし、謡曲はやはり声に出して謡われて、真価を発揮するものだ、という当たり前のことに気付かされたのがこの「敦盛」のキリ（一曲の最後の部分）を仕舞の地謡で聞いたときだった。あの音の厚み、幅、気合い。

終には誰も生まるべし、同じ蓮《はちす》の蓮生法師《れんしょうほっし》。

あの世の同じ蓮のうてなにきっと生まれよう、と謡いかけられたとき、共に生まれ変わりたい、また出会いたいと思うすべての人の声を聞いた気がしたものだった。

注…【二番目物】能の曲の分類。一日に五番演じられていた時代二番目に上演された。武将を主人公とし、修羅道に落ちて苦しむことが多く、「修羅物」ともいう。【カケリ】武将の霊や狂女などが興奮した状態を表す働事《はたらきごと》。【中ノ舞】中庸の性格、速さの舞。さまざまな役割が舞う。【男舞】主として武将が力強く颯爽として舞う。きわめてテンポが速い。

敦盛《あつもり》 あらすじ

摂津国一ノ谷（今の兵庫県神戸市須磨区）。

源氏の武将熊谷次郎直実、出家して蓮生法師が、自分の手に掛けた平家の公達敦盛の菩提を弔おうと一ノ谷にやって来ると草刈男たちが笛を吹いているのに出会う。そのうちの一人が蓮生に極楽往生のため「南無阿弥陀仏」を十度唱えてもらいたい、と頼んで消える。

その夜、蓮生が念仏を唱えていると敦盛の霊が現れ、供養を喜び、一夜、平家一門がはかない栄華を誇っていたこと、都落ちし一ノ谷に籠って暮らした日々のこと、やがて平家の負け戦となり、敦盛は熊谷直実に討たれたことを語る。

敦盛の霊は、しかし、今、念仏を唱え、仇を恩で報じてくれた、と蓮生に感謝し重ねて回向を頼むのだった。

羽衣は何でできているか

「羽衣」は世界中に流布する白鳥処女説話をもとにした能である。

白鳥伝説の多くが下界に降り立った天女と人間が結婚して子を設けたのち天に帰っていく「異《い》類婚姻譚《るいこんいんたん》」※となっているが、この能だけは天人の美しい舞姿と春の喜びを描くことが中心で直接天人と人間の恋については触れられてはいない。

そのせいもあってか、民話として伝わる「羽衣」や、同根の「鶴女房」のような話と比べると各段に品がある。

能という演劇が観阿弥《かんあみ》※の頃からすでに洗練を目指してきたから、当然といえば当然。また能が江戸時代、武家式楽※とされ庶民から遠い存在であったという歴史や、古語に節がついて、演劇で言えば台詞やバックコーラスにあたるものがわかりにくく筋を追いにくいことなどが、現代の日本人にとってさえもエキゾチックな印象を生み、その距離が必要以上に品格の高いもの、敷居の高いものと思わせてしまっているかもしれない。

しかし、ともかく、私自身が「羽衣」を演じるにあたって、稽古をいただき、謡本に向かいながら感じた天人像はまず気品である。唯一無二の存在感である。

この気品ある天人が、水浴をしている間に自分の責任でないとはいえ掛けておいたものをうっかり忘れるなんてことがあるだろうか。間抜けである。似合わない。大体謡本を読んでもどこにもそんなことは書いてない。先に説話を知っているからそんなつもりになっているだけである。

美しいし品もあるのに、ちょっとそそっかしい、ちょっと抜けている、ちょっと無邪気、というような女の子はむしろ魅力的だ。たとえば、白鳥処女説話の現代版、と私は考えるのだが、『ローマの休日』のオードリー・ヘップバーン演ずるアン王女のように。しかし、こと能に限っては似合わない。それくらいすきがない立派な天人像を作者は要求している、と感じた。

では、どうして、ワキ白龍は松の枝に掛かる羽衣を拾うことができたのか。そして、なぜ返さねばならなかったのか。

天人の衣はたぶん、いつでも、この世界のどこにでも漂っているものではないか。そして心ある者だけに時折見える。

その衣を素直に深読みせず、シルクジョーゼットのような薄くて美しくて繊細なヴェールとして鑑賞するのはひとつの態度だ。

地にしっかりと足を付けて、人としてきちんと暮らす者、大いなるものによって生かされていることをよくわかっている者へ、天がご褒美として見せてくれる。そこから沸き起こった感動こそが実は本当のご褒美で、衣は天のもの、二つとないもので、人は返さねばならない。

あるいはその衣を、美しい自然の象徴と捉えていいのかもしれない。

美しい自然を愛でるのはいい。しかし、人間の側に与えられたものではないのだから、人間の都合のいいように変えたり壊したりしてはいけない。最後には必ず「もとのごとくに」返さねばならない。

あるいはまた、その衣をこの世の真理、真実、理想、と考えることもできるだろう。

人が理想とする徳目はたくさんあるが、そのすべてを完璧に備えて生きていくことは普通の人間には難しいだろう。たったひとつだって難しい。せいぜい理想に近付きたいと心掛けて生きていくくらいが人間のできる最上のことだろう。理想とはすなわち「天の理想」とでもいうべきもので所詮人間が到達できるものではない。苦しんだり悩んだり、またささやかなことで喜んだり楽しんだりしながら生きていく。人には「人の理想」があり、「天の理想」は天のもの、「たやすく人間に與うべき物に非ず」なのだ。

「羽衣」の最後、キリの謡に「七宝充満の宝を降らし、国土にこれを施し給ふ」という詞がある。このキリのところで思い浮かべるのは、初心の頃も今も、羽衣をまとった天人が空高く上りながら実際に金銀やさまざまな色の宝石を振り撒き、これが青い空に煌めく情景である。

しかし、天人が実際に施してくれるものとは、この曲の半ばから終わりにかけて謡われるように、天上界とはまた違った地上の美しい景色、健気な人の心根、そうした美しさにあらためて気付かせてくれる心だろう。

注…【異類婚姻譚】人間とは異なる種類の存在と人間とが結婚する説話の総称。【観阿弥】南北朝時代から室町時代にかけての申楽師。息子の世阿弥とともに能を大成した。観世家の祖。【武家式楽】江戸時代において幕府が能を武家の儀式用に用いる芸能と定めた。

羽衣　佐々木宗生師所演

能楽祭

一九九八年、十一月八日の空は気持ちよく晴れた。

私たち一関喜桜会《きおうかい》員が年明けから準備してきた、七十周年記念の能楽祭の朝である。

佐々木実高《じっこう》※先生が廃れていた中尊寺の能の復興に立ち上がり、地元に謡と仕舞を普及させようと一関の稽古を開始して、すなわち喜桜会が誕生して七十年。

会主は二代目の宗生先生に引き継がれ充実し、さらにやがて三代目となるはずの多門先生が爽やかな風を吹き込んでくださる。

会員も、会創立の頃より実高先生に教えをいただいた者あり、このの ち会を発展させていくべき若い者ありの今は、記念の大きな行事を催すに最も適した時だった。

この日、私には大役があった。能のシテを初めて演じる。曲は「羽衣」。私がいちばん好きな曲である。

会員による能を地元で演じることで市民の皆様に親しみを持っていただきたい。その魅力の幾分かを知っていただきたい。できれば能や仕舞を見、謡を聞いた人々の中からひとりでもよい、稽古したい、と仲間に加わってくださる人があれば、との願いから起こった企画である。

能は二番。「敦盛」を書家の小嶋喜久子（東鞠《とうぎく》）先生が、実高先生、宗生先生の二代にわたって指導を受けてきた者の代表として、そして「羽衣」を若い者代表として私が演じることになった。

有り難いお話なのだが、はじめ私は躊躇した。演能の許可をいただいたとき、私は下の子供を妊娠中、行事の日程が決まったときは出産してようやくひと月、能楽祭の当日その子はまだ一歳にも満たないのである。長女も当時やっと三歳、手のかかる、かけねばならない子育ての時期に、生きがいとはいえ母親が趣味を優先してよいものだろうか。あまりにも気随《きずい》気ままな話にその企画だけはよそごとのように家族に伝え、自分のこととしてはしばらくは相談もできずにいた。幸い、やがて家族の理解と協力を得られるのだが、週に一度の自主稽古には毎回、宗生先生のお稽古には預かり手のないときに二、三度は零歳児を連れての「子連れ稽古」が始まった。最初のうちは仲間の皆様に子守をしていただきながら、人見知りが始まってからは、おんぶをして舞い、謡った。幽玄とは程遠い稽古姿である。

午前十時、発声。宗生先生、多門先生はじめ喜多流職分の先生方の特別出演を得て、「翁」である。せっかくの謡も私は聞けない。この日、午後の演能、夜の祝賀会、と長時間留守にするため、朝は子どもたちの相手をして過ごすことにしたのだ。

そこへ、故郷富山から友人佐藤邦子さんがきれいに着物を着て訪ねてくださる。

「よいお天気ね。おめでとうございます」

本当に、ありがとう。

彼女は宝生流の謡と森田流の笛の稽古をしている人。富山県は宝生流の謡の盛んな土地だが、私たちが中学、高校と共に学んだ頃はまだどちらも謡の稽古は始めていない。東京、京都とそれぞれが大学に進んでのち能の世界に触れたのだ。彼女とは高校を出てからほぼ二十年ぶりに会ったことになる。が、そんな気がしない。彼女は少しも変わらない。その前年、同窓会の連絡の中で趣味が同じであることがわかって、以来手紙のやりとりを通じて親しくしていただいている、古くて新しい友なのである。そのような友、邦子さんははるばる来てくれた。能を演じる重さをわかってくれたのだろう。

能「敦盛」に間に合うように文化センターに入る。

小嶋先生はひと月ほど前にお姉さまを亡くされたばかりだ。夏から秋にかけて病気のお姉さまを看病しながら能の稽古を続けて来られた。苦労を口にされない方だが、前夜、記念品ののし紙を、先生は書く、私は貼りながら、お互い大変だったこと、だが、それだからこそ、思いも深い、心に残る演能になるのではないか、とそれぞれねぎらったのだった。

小嶋先生の「敦盛」は思い切りのよい舞だった。

二人に共通した課題のひとつ、前日までなかなかうまくいかなかった袖を返す所作も今日は颯爽と決めて、見事に舞い納められた。私もきっと大丈夫。励まされた思いで「羽衣」の支度に楽屋に向かった。

支度をしてくださる先生方は自然体。良い意味で「いつもの仕事」という様子。これからあなたのすることはとても大変なことですよ、がんばりなさい、というようなこちらを緊張させる雰囲気がまったくない。長い月日をかけて稽古を重ねてきた安心もあってか、自分でも不思議なくらいリラックスしていた。

いよいよ「羽衣」。

松の木にかかる天の衣をみつけた漁師。天人との間で衣を返す、返さない、のやりとりの後、天人の嘆きが深いので衣を返すことにする。天人はお礼に祝福の舞を舞い、やがて空に帰っていく、という筋である。

「なう、其の衣はこなたの衣にて候う何しに、召され候うぞ」

もう幾度も稽古の最初に口にしてきた詞が、新鮮に耳に響く。

一足《いっそく》歩を進める。また、一足と、足を運んでいくとじきに周りが明るくなって橋掛かりに出たことがわかる。昨日の稽古では強すぎて困惑したホールの証明が明るく暖かな世界に招かれたように思われる。明るく暖かな世界、とは皆に待たれ抱擁されたような幸福な世界である。

美しく、綺麗に、華やかに、大らかに、清らかに、爽やかに。「羽衣」に込められたものは大きく深い。そのようなものをできることなら表現したい、と願いつつ舞ったがどうだろう。芸が拙く、人の心を打つことが叶わなくても、少なくとも自分自身の内には　それらのかけらでも宿すことができれば。勝手だがそうでなければ素人の舞う意味がないではないか。

クセ、※序ノ舞、※破ノ舞、※と進んで、早くもキリ、※最後の舞どころである。

もう、キリ、一時間も舞っていたような気がしない。今日は短く感じた。橋掛かりで皆にお別れの舞いを舞う。袖をかついで、さようならの心。拍手が沸く。天人の姿が見えなくなったらしい。

能が終わって、私の中にいた天人がそっと抜け出て肩のあたりにとまる。その幸せな思いのまま、残りの番組を先生方の番外仕舞まで鑑賞する。

それにしても、稽古、本番、その後の日々に、なんと多くのことを思い感じたことだろう。

能を演じて一週間ほどして外に出かけたとき、それまで肩のあたりに留まっていてくれた天人がそっと離れていくように思われた。天人が少しずつ去っていくのを見送る漁夫白龍のような気持ちだった。天人を見送る白龍はやはりせつなく見送ったに違いない。幸福な思いは依然続いてはいるが、大切なものをなくした寂しさがあった。役は天人であったが、私自身は人間として天人に出会ったのだ。

春風の空に吹くまで懐かしや

壁に掛かった色紙を見るたびに天人が帰っていった空を懐かしんでいる。

注…【佐々木実高】中尊寺僧侶。執事長を務めた。能楽喜多流シテ方佐々木宗生師の父。中尊寺は一山の僧侶がそれぞれの支院ごとに能楽の役を受け持って白山神社に能を奉納する。実高師の円乗院桜本坊はシテ方の寺院。社中名の喜桜会はこの坊の名前に由来する。なお、一関の会のみ、二〇一九年能楽祭の時より喜櫻会と称している。本著ではすべて喜桜会で統一した。【クセ】一曲の中心部を占める謡どころ。舞どころ。【序ノ舞】主として三番目物、まれに四番目物のシテで女体、老体、貴公子などが舞う優雅で静かな舞。【破ノ舞】女の霊、女神、妖精などが序ノ舞、中ノ舞などのあとに軽やかに舞うきわめて短い舞。【キリ】能一曲の最終部。

羽衣　千葉万美子

鉢《はち》木《のき》

私が初めて能を舞った「能楽祭」の翌月、十二月の喜多流《きたりゅう》※例会は佐々木宗生《ささきむねお》※師が「鉢木」を演じられた。その前日が師のご子息多門《たもん》※師の青年能で、一関からも常よりたくさんの会員が上京して二日続きで能を楽しんだようだ。

私は四歳と一歳の幼子を抱える身、娘たちの面倒を夫、義母、実家の母に見てもらいながらようやく稽古をして演能当日を迎えた。もう十二分に家族中の応援を得た後で、この上観能のために上京したいなどと言い出せば罰があたる。しかし、自ら舞った能の感動があまりに深く、しかもそれが喜びでもあり、切なさでもあり、寂しさでもある、というようにまるでとらえどころがなく、とにかくただ能というものの近くにいたい、という思いが募って例会はいつも以上に観たかった。なんとしても観たい、というひたむきな気持ちは実際に行くことでしか伝わらないのではないか、と焦るようでもあった。

それというのも、十一月の私の能に、遠く故郷富山からひとりの友人が無理をして訪ねてくれたからだ。

彼女は中学、高校の同級生。私たちの母校である高校で国語の教師をしており、宝生流《ほうしょうりゅう》※の謡と森田流《もりたりゅう》※の笛の稽古をしている。富山県は宝生流の謡の盛んな土地だが、私たちがともに学んだ頃はまだどちらも謡の稽古は始めていない。東京、京都とそれぞれが大学に進んでのち能の世界に触れたのだ。中学、高校在学中はさほど交流がなく、卒業後一度も会うことなく過ぎてきたが、能楽祭の前年、高校の同窓会の連絡を取り合う中で趣味が同じであることがわかって、以来手紙のやりとりを通して親しくしていただいてきた古くて新しい友である。だから、彼女とはほぼ二十年ぶりに会ったことになる。そのような仲なのに、というか、だからこそ、と言うべきか、彼女は来てくれた。能を演じる重さを謡の稽古をしているひとだからこそわかってくれたのだろう。私もわかってくれる人にこそ観てもらいたく、遠方を承知でともかくご案内したのだった。

旅行がてら、という当初の予定は取り止めて、前日は学校で仕事を済ませ、小学生のお子さんたちはじめご家族みなで夕食を囲んだのち、金沢発の夜行バスで仙台へ。仙台から新幹線で一関に着いてから、美容院で綺麗に髪を結って和服に着替えて我が家を訪ねてくれた。

二十年ぶりだが、印象は少しも変わっていない。すがすがしいほど真面目だった昔のままだ。大切な舞台の前だから玄関先で、と遠慮された後ろ姿の帯のお太鼓におそらくは書家のお父上が書かれたのだろう墨の文字で秋、星が読めた。

能楽祭が果てた後は、また何時間もしないうちに仙台からの夜行バスで帰る、と言う。翌朝、家族との朝食に間に合うし、授業も休まないでできるから、と。

同門の祝賀会に出席してもらったが、知らない人ばかりの会にも妙な遠慮がなく、スピーチで彼女を紹介したとき、ごく自然に立って頭を下げた大人な振る舞いにも感心した。彼女の上に流れた二十年の月日が確かなしっかりとしたものであったことがそれだけでもよくわかった嬉しい時間だった。

心では気にかけていたのだが、結局は来られなかった、ということと、約束通り来た、ということの間にはたとえば、私への友情という点ではそう差はないかもしれない。満たされたコップの水とそれよりもう一滴多いだけの違いかもしれない。しかし、その一滴がなければコップの水は溢れ出さない。

私にその一滴をありがとう。

彼女と私はパーティー会場の外でお互い深々と頭を下げて別れた。

能の「鉢木」の大きなテーマはいわゆる「いざ鎌倉」が象徴する武士道である。それと同時に零落の中にあって旅の僧（実は身をやつして全国行脚中の執権北条時頼《ときより》）に宿を貸し、秘蔵の鉢木を火にくべてもてなすシテ常世《つねよ》の実直さ、誠実さである。さらには一族の領地を奪われ落ちぶれて暮らす武士が、やがて本来の誠実さ、武士の気概を評価されて新しい領地を得る、その物語の進み行きによって見る者に与える慰安、カタルシスである。

今日この曲を鑑賞するとき、私は常世の心が次々と試される場面で、常に「あと一滴」の情け、温かさ、気概を溢れさせて、「しない」ことより「する」ことを選んでいくところに深い感動を覚える。

さて、常世が新しく与えられた領地だが、薪にした鉢の梅、桜、松にちなんだ土地のひとつ、越中桜井とは私と友人の生まれ育った魚津のすぐ隣町である。

注…【喜多流】能楽は分業制。シテ方、ワキ方、狂言方、囃子方と分かれ、それらがまた流儀に分かれている。筆者が稽古する喜多流は江戸時代に一つの流儀として認められた。旧仙台藩伊達家は喜多流が盛ん。それ以外の観世、宝生、金春、金剛の各流は古く室町時代初期から流れを伝えている。【佐々木宗生】能楽シテ方喜多流職分。一九三九年岩手県平泉町生まれ。筆者が一九八六年より師事する。【佐々木多門】能楽シテ方喜多流職分。一九七二年生まれ。佐々木宗生師の長男。筆者が二〇〇〇年より師事する。【宝生流】能楽シテ方の流儀。江戸期前田家金沢藩が宝生流を採用していたので、筆者の故郷富山県では宝生流が盛ん。【森田流】能楽囃子方笛方の流儀。他には一噌流、藤田流がある。

鉢木《はちのき》あらすじ

師走、上野国佐野（今の群馬県高崎市あたり）。

諸国修行の旅僧が大雪に一夜の宿を乞う。主の佐野源左衛門常世《さののげんざえもんつねよ》は見苦しい家だからと一度は断るが、妻の説得で僧を泊める。夜更けて寒さが増してきたので、常世は秘蔵の鉢の木、梅、桜、松を焚いて暖をふるまう。旅僧に問われて常世は名をのり、一族に土地を横領されて落ちぶれていること、しかし、鎌倉に一大事ある時は一番にはせ参じる覚悟を告げる。

時、所変わって、諸軍勢の結集する鎌倉。

きらびやかな大名小名が打ち連れ上る中に貧弱な装備の常世の姿があった。

最明寺時頼の前に召し出された常世に、自分はいつかの大雪の日宿を借りた僧だと時頼は告げ、一言違わずはせ参じたことを賞する。領地を安堵された上、鉢の木々と同じ名を持つ三箇の荘を与えられ、常世は意気揚々と故郷に帰っていく。

鉢木　佐々木宗生師所演

懐かしい空

昨秋（平成十年・一九九八年）、初めて能を舞った。

美しくて、大好きな曲「羽衣」である。

無事舞い納めた喜びと安心はもちろん深く、またもっと舞っていたいと思うほど短く感じられる時間でもあった。

演能中もその前も心地よい緊張感はあるものの、常に平静でいられたことも嬉しかった。そのくせ夢のような幸福感が、その日も翌日もまだ続いているのだった。

能を舞って数日ののち、町に買い物に出掛けた時のことだ。日常のものを買って店を出、この道を行き来する人たちは誰も私が能を舞ったこと、天人を演じたことを知らないのだな、と空を見上げた途端、突然寂しさに襲われた。ああ、今、天人が去っていった、とそれにも突然気づいて見送った姿がまるでワキの白龍だった。

白龍はやはりせつない思いで天人を見送った。頭ではそう理解してきた白龍の気持がようやくいくらかわかった瞬間だった。

世界中に流布されている白鳥処女説話の多くは下界に降り立った白鳥、天女と人間の結婚話である。子どもをもうけてのち空に帰っていく。それを世阿弥は天人の舞姿を春の喜びを描くことを中心に祝福の能として「羽衣」を作り上げた。

大らかさ、華やかさ、清らかさ、爽やかさ、など素晴らしいものを振りまかれるようにして見た観客は、この曲を有り難い、めでたいとのみみなしがちである。そのため、白龍の心持ちまで自分と同じであるかに思う。あるいは、羽衣を返す、返さないのやりとりののちはただ静かに座っているだけのワキを、もはや要らぬもののように見捨ててさえいる。

立派な、珍しい天人の舞を拝見できて、佳かった、有り難かった、とだけで白龍は天人を見送るのではない。わけのわからぬ寂しさ、せつなさをきっと抱えたに違いない。

白龍は天人に恋をしたのだ。

寂しくなって初めて、恋をしたことに思いいたったろう。

では、私のあの寂しさも恋なのだろうか。なるほど、あれは恋という言葉にいちばん似ているかもしれない。

祭りのあとの寂しさか、能が終わって晴れがましい主人公の立場も返上しなければならないからか。しばらくは能を舞うこともなく、仮にまた演能の機会が訪れたとしても、素人の私の場合、もう二度と「羽衣」を舞うことはない。天人とは文字通り一生一度の出会いであったと気付いたからか。寂しさの正体を見極めようとすればそんなことになる。が、恋と言ってしまえばその通り。つかみどころのない思いに名前が付いたことで私は安堵した。

私が演じたのは天人であったのに、白龍と共に人間として天人に出会い、恋をしていたのだ。そのような思いをさせる能というものにも恋をしてしまったのかもしれない。

ただ一度の経験で物を言うのは粗忽に過ぎるが、能のシテとは自分が演じる役に恋をするのが仕事ではないか。

発見のようにして私は言うが、そんなことは新しくもなんともないことかもしれない。能を舞った人はみな感じ、気が付いていることだろう。心ある人は優れた舞台からそれを感じとっているだろう。

あの深い寂しさはあれきりで、今は能を舞ったことを思い出せばいつも穏やかだ。

そしてもちろん大抵の時間は能のことを思い出すゆとりもなく、家事と育児に追われている。化粧もせず、髪を後ろにひとつに結わえ、反り返って泣く子どもをあやしたりしていると、綺麗な装束や面を付け、頭には牡丹の天冠を飾ったことなど夢のようだ。

きっと白龍も天人にあったことを時折ふと思い出すことはあるものの、毎日漁にいそしんでいるに違いない。そのような白龍だからこそ、束の間、美しいものを天は見せてくれたのではないか。

春風の空に吹くまで懐かしや

能を舞って以来、朝夕眺め楽しんできた書の詞《ことば》、「羽衣」の中の一句である。

羽衣を漁夫白龍に取られた天人が、自分の帰るべき空に雲や雁《かりがね》が行くのを見ても、春風が吹いてさえも、懐かしくて萎れるところである。

能の師が選び、書家である能の道の先輩が書いて初演のお祝いにくださったものだ。

階段を上がって突き当りの壁にそれは掛けてある。二階に用事のたびに自然と目に入り、そのたびにふっと自分の表情が和らぐのがわかる。胸の中が温かなもので満たされる。

なるほど、これは天人になった人、つまりは天人に会った人でなければ選べない詞だ。

春景色の素晴らしさを讃えたところやこの世に数々の宝を施してくれる描写などおめでたい詞ではなく、この詞を選んでくださったことに心から感謝しつつ、あの空を懐かしんでいる。

書：小嶋東鞠

羽衣　千葉万美子

湯《ゆ》谷《や》

長女の入園式に合わせて手伝いに来てくれていた母が帰っていった。

上野で美術展を観て、お花見もして帰るわと言い、夏には子供たちと一緒に長くおいで、と里帰りを期待する言葉も口にして。

幼い子どもに振り回されている私を見かねて、新幹線の時間ぎりぎりまでおでんやらシチューやら何日分ものおかずまで作ってくれた。母は娘に少し楽をさせてやれたという満足はあるもののそれでも別れの寂しさは容易に中和されるものでなく、私はまたしても母にゆったりとした時間を過ごさせてあげられなかった、と悔いていた。

桜の季節の能に「湯谷」という曲がある。

平宗盛が寵愛する湯谷は故郷の母が病に臥しているのを心配して暇を請うが、宗盛は許さず花見への同行を言い付ける。華やかな都大路を行くが湯谷の心は重い。清水寺に着くと湯谷は宗盛に所望されるまま舞を舞うが、折からの村雨に桜が散るのを見て、母の病状を心配する歌を詠む。その歌に感じ入った宗盛はようやく湯谷に暇を与える、という筋である。

しかし、それは表向き、実際は東国に残してきた好きな男に会いに行きたいのだ、という解釈があるという。それでなくては寂しい中にこもるシテの華やかな一面、艶が現れてこないからだというが、そうだろうか。

この曲はシテ湯谷の唐織姿に花見車の作り物が出て、見た目にたいそう華やかな舞台である。

だから、むしろ意図して表現しなければならないのは華やかさ、艶よりもその裏にある哀愁の方だろう。そして、その哀れは好きな男に会いたいという思いより、病気の母に会いたいという思いの方が素直で感じも良いし、人としての艶もそちらの方が勝っているように思う。

「湯谷松風米の飯」といわれるくらい「湯谷」は人気のある春の代表曲である。観客の多くも母を思う湯谷だからこそ気持ちを添わせてきたのだ。

湯谷には他に恋人がいて、母は病気と嘘をついて本当はそちらに行きたがっている、という解釈の上で、全体の筋はまったく違った短い戯曲を三島由紀夫は書いている。こちらは最後には母が病気ではないことが宗盛に知れてしまう。

しかし、宗盛はユヤの裏切りを咎めず、ユヤも宗盛の世話を受けている今の安穏な生活を即座に選ぶ。宗盛にとっての花見とは、あたかも雨中の桜のような、悲しみの中にいる美しい女の顔を眺めることでもあって、この戯曲は、「今日はお花見ができなくて残念」と言うユヤに宗盛が、「いや俺はすばらしい花見をしたよ」と告げて終わる。

この戯曲のテーマは簡単にはまとめにくいが、美しいもの華やかなものの裏にある哀しみこそ美であり、相容れないものがひとつになり反対のものがお互いを照らす、それが美である、ということがひとつあろう。それを三島の趣味に従って描くと、宗盛は原曲よりもっと酷薄になり、湯谷は計算高くなる。

原曲の能はそこまで断定するつもりはなく、ただ、美しく華やかなものがしばしば哀しみや憂いに裏打ちされているものだね、とだけ言っている。

さて、私の里帰り。娘たちが生まれてからは大歓迎となったが、それ以前は里帰りしたいと私が言うと夫は宗盛のように必ず渋い顔をした。それはひと時も妻を離したくない、といった理由からではなく、日々仕事場に釘付けの夫が、たとえ行き先が実家でも日常を離れて外に出ていく妻の自由が羨ましかったからだろう。

湯谷《ゆや》 あらすじ（喜多流以外は熊野と表記）

春は桜の京都。

平清盛の次男宗盛《むねもり》の寵愛する湯谷は、故郷の病母の見舞いを請うが許されず、清水寺での花見に同道させられる。

花見の酒宴の舞。

その後、湯谷は母を思う心のうちを歌に託して詠じると、宗盛の心にもようやく届き、暇を与えられる。湯谷は喜んで母のもとへと向かう。

湯谷　佐々木多門師所演

今はまだ人生を語らず

昨年（平成十年・一九九八年）、相次いで、井上陽水、吉田拓郎がベストアルバムを出した。大晦日の「紅白」ではかぐや姫がこの日のために再結成して『神田川』を聴かせてくれた。司会の五代目中村勘九郎※（後の十八代目中村勘三郎）が、多感な時期にこの曲を聴いた人々に今年一番のプレゼント、と紹介していた。街角でふいに聞く古い歌は、その曲を盛んに聴いたころに帰してくれる。切ない気持ちを呼び起こす。痛みの少し混じった喜びだ。

ベストアルバムも「紅白」のかぐや姫も中身のわかった贈り物であったが、しみじみと懐かしかった。

高校に入学してまもなく、自己紹介の時間があった。こういう時、私はまず気の利いたことが言えない。ありきたりなことを言ったのだろう、自分の言葉は覚えていないのに、隣町から来た人が自身を「吉田拓郎のファン」と語ったことは記憶に残っている。私も私の周囲でも歌謡曲（という言葉も死語のような気がするが）には夢中でも、シンガーソングライターを好きでアルバムまで聴いている人はいなかったから、随分大人に見えたのだ。

それから三年して、卒業の寄せ書きに彼女は好きな拓郎の一曲から、歌詞をそのまま「今はまだ人生を語らず」と書いていた。思い出も未来への期待もこんなところに書くもんじゃないわよ、とジョークでうまく応じていた。そのくせ拓郎のファンであり続けたことなど、そこに込められたメッセージはきちんと伝わっている。あれから何十年もたって、その言葉は本人の意図をもはるかに超えて大きなものとして私の心に響いてくる。

「今はまだ人生を語らず」という寄せ書きの言葉に、私は本来の歌詞の意味ではなく、人生とは何かなんて十分わかっている、だけどそれを口にするのは今のところやめておく、若いから、あるいは野暮だから、というニュアンスを感じていた。同級生たちもたぶん多くは自分は生きるとはどういうことか知っている、と自負していたろうと思う。

しかし、高校を卒業し、大学に進み、社会に出、仕事をし、結婚をし、子どもを持ち、といった順調な生活からも、入試に失敗したり、不本意な仕事に就いたり、離婚をしたり、子どもを失ったり、親に逝かれたり、といった悲しい経験からも、私たちは人生というものがあの十代の終わり頃に考えていたような生易しい、甘いものではないことを知っていった。

人生を語らないのではない、語れなかったのだ。

いや、語るのは自由だが、語るに足る人生などまだ誰も送ってはいなかった。

何もかもわかったような気でいて、人生のほんの入り口を歩き始めたばかりなのに、自分が未だ何者でもないことが不満で不安で焦っていたあの頃。

あの頃の私に、慌てなくてもいいよ、と言ってやりたい。

生きることは思っていたより大変だけれど、何度でもやり直せるくらい長いし、生きる疲れは生きることが癒してくれるよ、と。


拓郎が歌っている。

超えて行け　そこを
超えて行け　それを
今はまだ　人生を　人生を語らず

超えるものがある間は自分の人生を総括するな、と彼は言っているのだろう。

注…【五代目中村勘九郎（後の十八代目中村勘三郎）】歌舞伎役者、一九五五年東京生まれ、二〇一二年没。現六代目中村勘九郎、二代目中村七之助の父。コクーン歌舞伎や平成中村座を立ち上げるなど進取的な演劇活動でも知られた。

地の星

山間の冷え冷えとした秋の夜は
見事な星図の展開だ

私の故郷富山県ゆかりの詩人、田中冬二《たなかふゆじ》※作「小河内《おごうち》の湯」の冒頭である。

私が初めて能を舞った際、遠く富山から訪ねてくれた友人の帯に書かれてあった。

そのときは、冷、秋、星という大きく書かれた文字だけを読んで、ただ季節にふさわしい帯だ、と感じとっていただけだった。日展に何度も入選なさったお父上が書かれたのだろう、佳い字、好きな字だな、とも思いながら。

演能のあとしばらくして、行きつけの美容院で、あの日髪をセットした遠来のお客様はあなたのお友達ではないか、と問われた。帯の言葉に星があるので、真珠の髪飾りを星のように散らしてください、と頼まれたのだと言う。星座の勉強をしておけばよかったわ、と美容師さんも飾りを差しながら応じて笑いになったそうだ。

趣向の意味を説明するのも面と向かって問うのも野暮と承知で、私は帯の言葉を、星の意味を知りたくなった。

そこで彼女が教えてくれたのが、「小河内の湯」だった。

嫁ぐ自分に向けて書いてくれたもの、とも友の手紙にはあった。

詩は「せまい大根畑も竹藪も清水の中も／どこも青い星ばかりだ」と続く。

秋の、空ではなく、地にある星、青い星とはなんだろう。

暗い中で目を凝らすと白いものや夜露が光って見えてくる。あたかもそれらが自ら発光しているかのように。詩人が見た星とは、まずそういうものなのだろう。その上で、なんでもないもの、なんでもない情景、なんでもない暮らしの中に「星」を見つけている。

天の星は人間が摑《つか》めるものではない。しかし、地にある星は心の持ちようでどこにでも見つけ、摑まえることができる。結婚とは地にしっかりと足を付けた生活であって、それが幸福か否かはまさに地にある星を見つけられるかどうかにかかっている。

地に輝く星を見つけよ。

それが結婚に際しての父から娘へのはなむけの言葉ではなかったか、と私は勝手な解釈をし、同時に「地の星」とは初めて舞った能「羽衣」の大切なテーマとも通い合うことに驚き、感動したのだった。

能「羽衣」はおおらかさ、清らかさなど、人としての理想を天人に託した曲、天人が舞うことで地上の人間を清める、ありがたくめでたい曲である。

漁師白龍が松にかかる羽衣を見つけ、天人との間で、返せ、返さない、のやりとりをする。その羽衣とはここでいう「星」ではないか。「天の星」だから天に返さなければならない。

「天の星」を地上近くに見つけたことで、地にも星があることに気付く。その「地の星」を大切にせよ、と天人は言い、白龍も深く理解する。

能「羽衣」にはまた、何かに恋すること、焦がれること、憧れることの美しさ、せつなさも描かれている。白龍が天人をせつなく恋う。そのことが見るものをまた清める。

さて、友には高山植物というまた別の意味での「地の星」を愛して研究を続けていらっしゃるご主人がいる。休暇には内外の山々を歩き回って植物を調査解析し、論文を書いていらっしゃる。友も時には山に同行するそうだ。昨年、朝日岳を暗くなって下山しながら、ふと、これからもこうして歩きたいと思った、と友は新しい手紙で伝えてくれた。

詩集「小河内の湯」と同じページに「くずの花」という詩がある。

じじいとばばあが
だまって　湯にはいっている
山の湯のくずの花
山の湯のくずの花

ここにもそこにも「地の星」は輝いている。

注…【田中冬二】詩人。一八九四年福島県福島市生まれ、一九八〇年に没す。銀行員として働きつつ詩作を行う。

イワツメクサ Stellaria nipponica　撮影：佐藤卓

地塗りの色

あなたの「湯谷」の考えは、まったくそのとおりだと思いますね。

謡と仕舞の発表会のあと、懇親会の雑談の中で佐々木宗生師がおっしゃった。新聞やタウン誌に書いたエッセイをまとめたものを「万華鏡」という名の個人紙として数年前から発行している。その最新号に掲載した文章をお読みくださっての感想である。

「湯谷松風米の飯」と言われるくらい「湯谷」は人気の高い、春の代表曲である。

平宗盛の寵愛する湯谷は故郷の母が病に伏しているのを心配して暇を乞うが、宗盛は許さず花見への同行を言い付ける。華やかな都大路を行く湯谷の心は重い。清水寺に着くと湯谷は所望されるまま舞を舞うが、折からの村雨に桜が散るのを見て、母の病状を案ずる歌を詠む。その歌に感じ入った宗盛はようやく湯谷に暇を与える、という筋である。

しかし、それは表向き、実際は東国に残してきた好きな男に会いに行きたいのだ。それでなくては寂しい中にこもるシテの華やかな一面、艶が表れてこないからだ、という解釈もあるそうだ。

その解釈に疑問を呈した文章を私は書いた。

この曲はシテの唐織姿に、花見車の作り物が出て、見た目にもたいそう華やかな舞台である。だから、むしろ意図して表現しなければならないのは華やかさ、艶よりもその裏にある哀愁の方だろう。そして、その哀れは好きな男に会いたい、いう思いより病気の母に会いたい、という方が素直で感じも品も良いし、人としての艶もそちらの方が勝っているように思う、と。

まったくそのとおり。

師はそうおっしゃったあと、しかし、ただ、とお続けになった。たとえば十四世宗家喜多六平太《きたろっぺいた》※先生の教え方として、その人の謡や舞にどちらかと言えば艶が足りなかったとする、そのとき、足りないものをわかりやすく少々過剰な言い方で伝える、ということであったかもしれない。

なるほど、と素直に考え直せた。私などよりもっともっと長く、深く、能と関わってこられた能楽師の先生方がそう浅はかな一面的な見方をしているわけがないのだった。

それからしばらくして、京舞※の、襲名されて新しい名前になられたばかりの井上八千代さんが雑誌のインタビューに、正攻法でしか舞えない人間なので、正攻法だけで舞ってきた、しかし、真っ向勝負だけでは表現しきれないものがあることを歳を重ねて知った、芯は硬く外は柔らかく、これからはそういう表現をめざしたい、と言葉はこの通りではないが、答えていらした。

私自身は何年か前に、今しばらくは謡も仕舞も文章も、文字で例えるなら楷書でやって行こうと決意している。素直に表現していこう、と言い換えることもできよう。八千代さんのおっしゃる正攻法、であるかもしれない。それがようやく少しずつできるようになってきたか、というときに、先の八千代さんの言葉に出会って、年もほんの少し上であるだけの八千代さんがさらに上の段階、上の境地に至られたのかと感じ入ってしまった。

同時に、「湯谷」におけるやりとりや、自分自身の本来の性質などを思い起して、今さらながら悟ることがあった。

油絵を描くときに、仕上がりの画面を白くするつもりなら、画面の下に隠れて見えなくなる地塗りの色は反対の黒を使うと聞いたことがある。暗い色調に仕上げるつもりなら、地塗りは明るい色。そうすることによって色に深み、厚みのようなものが出る。すなわち絵に深み、厚み、奥行きというものが加わるのだろう。

先の六平太先生の教えも、性質が真面目であったり、地に哀れ、愁いを持っている人に、どうかすると表現不足になってしまいがちな艶や色気の方を示唆してみたということではないか。もし、華やかで明るい人が、哀愁不足の「湯谷」を演じることがあったなら、何か別の言葉、病気のお母さんは今にも死ぬかもしれないんだよ、とあるいは教えていらしたのかもしれない。

八千代さんの舞も「正攻法」を捨てるのではなく、「正攻法」というきちんとした地塗りの色の上に「真っ向勝負だけではない」舞を試みていく、ということではないか。そういうことなら、ひねくれ者の私が何事にも素直を心がけていくことは、自分にも自分が表現していくものにも、深み、厚み、重み、奥行きを加えることになるのではないか。

やはり、今は「真っ向勝負」でいかねば、と思う。

注…【十四世宗家喜多六平太】能楽シテ方喜多流宗家。一八七四年生まれ、一九七一年没す。明治維新で幕府や藩の扶持を離れた能楽師たちが困窮していた時代、幼少期に喜多家を継ぎ、弟子家や分家から指導を仰ぎ、苦心の末、独自の芸を確立、昭和を代表する名人となった。一九五五年重要無形文化財保持者各個指定（人間国宝）に認定される。【京舞】日本舞踊の上方舞のうち、京都で起こり発達したもの。文中の井上八千代は京舞井上流の五世家元で一九五六年生まれ。父、夫、弟、子は観世流の能楽師。井上八千代は井上流宗家名跡。

湯谷　佐々木多門師所演

鴎外の文体と能

国語学者の大野《おおの》晋《すすむ》※さんが『日本語を考える』という丸谷《まるや》才一《さいいち》※さんとの対談本で、森鴎外の文章の強さ、殊に「が」という助詞を使った文の強さを「まるで能役者が舞台の真ん中にぐっと出てきて振る舞うでしょう、あれと同じような感じで、鴎外のワンセンテンスずつがきまってくる」とおっしゃっている。

文の強さを形容するときに、すぐに能の型を思い出されたのは、よく能をご覧になるからだろうか。また、真ん中に出てきてする型はいくつかあるが、どの型のことだろう。気になって、十年ほど前、私が所属する団体「文学の蔵設立委員会」が大野、丸谷、大岡《おおおか》信《まこと》※、高田《たかだ》宏《ひろし》※の四人の方々を講師に迎え講演会を開いたおり、直接伺ってみたことがある。

能はときどき観る、能の中でもとりわけ囃子の掛け声と間の素晴らしさに魅力を感じる、と大野さんはおっしゃったが、すぐに話題が別の方向に逸れていって、鴎外の話も能の型についてもお聞きできなかった。

対談当時、大野さんは鴎外、漱石、谷崎潤一郎などの文章の中から助詞の「が」と「は」の使い方を調べていらして、そういう時にたまたま能をご覧になって鴎外の文の強さに似ていると思われたのだろうか。それとも多くの「強いもの」から、鴎外の文の強さをあれでもない、それでもない、この能の型の強さだ、と見極めたというような次第であったのだろうか。どちらであったかわからないが、それでも、そう認めてみると、これ以上ぴったりの例えがないと思われたのではないか、対談の中で再度鴎外の文を能役者が舞台にぐっと出てくるようだ、と褒めていらした。

この対談では、丸谷さんが現在の日本語の文体を、屈曲性の強い現代のイギリス文と比較して、論理がいろんな方向にからみあってらせん階段のように登っていく力がない、横へ平板に流れていく、と残念がっておられる。からみながら縦に登っていく勢いのなさを強める工夫を日本の作家はしなければならないが、その強さが比較的あるのは鴎外であるとおっしゃっている。

私は鴎外の文章を硬質で抑制が利いていると思い読み煩ってきた。しかし、大野さんの言葉に出会って再読してみると、十代、二十代ではわからなかった面白さがあった。自分自身稽古している仕舞と並べてみることで鴎外と仕舞の両方に発見があった。

『阿部一族』などの無駄なところのない文章が一文一文決まりながら続いていく感じ、決まるといっても歌舞伎のように「見得」を切って一瞬舞台の時間を止めていくのではなく、決めながら続けていく感じはまさに修羅物の舞だ。

また、能は三間四方の幅、奥行ともに同じ長さの舞台で演じられるために、その他の演劇より奥から手前へ向かってくる、逆に手前から奥に下がっていく、という型、演技が新鮮に感じられる。この動きが実際には平面で動いている役者を縦方向に登ったり下りたりしているかのように見せる。

この奥から手前に向かって真っすぐ進んでくる型は不思議なもので、中尊寺の能舞台のように野外の舞台では、奥の自然光の届かない薄暗がりから光の差す明るいところに出てきた瞬間、遠近法の公式を無視して突然演者を大きく見せる。スポットライトがあたった、というよりズームアップされた感じに近い。

大野さんのおっしゃる「真ん中に出てきて振る舞う」型とは能の「打ち込み」という、扇を持った右手を胸の前で一度下から上に巻いて、ぐっと真っ直ぐ前をさす型ではないかと私は推測してきた。私自身、改めて力を込めるような、扇の先、そのずっと先に気持ちを乗せていくような心で舞っていた型でもある。

しかし、今回鷗外を読み直してみると、「扇を持つ手を巻いてさす」ほどの修飾もない。扇で差しながら何足か前に出ていく「シカケ」という型であるとか、肘を張りながら両手を下ろした「構え」の姿のままそこにいるような、型らしい型もない、ただ気合いのみ内に籠っているような印象を受けた。

逆に仕舞においてはさすということの強さ、何もしていないときの強さを改めて心に留める良い機会になった。

『ヰタ・セクスアリス』※の中に「縁の遠い物、何の関係もないような物を借りてきて或物を説明して、聴く人がはっと思って会得する」という文章がある。能役者の比喩に出会わなかったら鷗外を改めて読もうとは思わず、鷗外は苦手なままであったろう。


注…【大野晋】言語学者、学習院大学名誉教授。一九一九年東京生まれ、二〇〇八年没す。『岩波古語辞典』の編纂や日本語の起源を古代タミル語にあるとしたクレオールタミル語説で知られる。【丸谷才一】小説家、文芸評論家。一九二五年山形県鶴岡市生まれ、二〇一二年没す。一九六八年『笹まくら』で芥川賞受賞他受賞歴多数。二〇一一年文化勲章を受ける。【大岡信】

詩人、評論家。一九三一年静岡県三島市生まれ、二〇一七年没す。一九五三年谷川俊太郎、茨木のり子らの詩誌『櫂』に参加、一九七二年『紀貫之』で読売文学賞受賞。一九八〇年『折々のうた』で菊池寛賞受賞、他受賞歴多数。二〇〇三年文化勲章を受ける。【高田宏】小説家。一九三二年石川県生まれ、二〇一五年没す。一九八七年岩手県一関市ゆかりの言語学者大槻文彦の評伝『言葉の海へ』で大佛次郎賞、亀井勝一郎賞を受賞。【『キタ・セクスアリス』】森鷗外の小説。一九〇九年に発表。

能と川と橋

昨秋（平成十二年・二〇〇〇年）、当時の建設省主催で「歴史・風土に根差した郷土の川づくりフォーラムin北上川」というシンポジウムにパネリストとして参加した。

川に関する歴史や文学を私が話す必然性はあるだろうか。他所から嫁いできて、血縁の誰ひとりも水害にあっていない私が、一関市民を代表するような顔でその悲惨さを訴えることなどできないし、北上川を描いた文学について語るならもっと適当な人がいらっしゃるように思われた。ただ、北上川とこだわらず、私が多少は勉強している能楽に表現されている中世とそれ以前の時代の河川観と現代の河川観、特に北上川の畔に暮らす人々の河川観とを比較する、といったことはできるのではないか、と思った。

それにしても川のことを知らなすぎる、と話があった六月からシンポジウムの十一月まで、時間があれば河川関係の読書と能楽書を川の視点から読み直すことで過ごした。

おかげで、私たち現代人が陥りがちな誤った自然観、たとえば高度経済成長時代以前の自然を手付かずの原始の自然そのものであるかのように考えて、自然に決して手を加えるな、と批判したりすることが的外れであることを教えられた。つまり私たちが暮らしているこの国土は、すでに弥生時代後期から自然との調和に繊細な注意を払い、自然と共同しながら、時に大胆に、不断に手を入れてきた成果であって、こうした試みなくしては人間はこの土地に住み続けることはできなかったたし、私たちの存在自体なかったはずだからである。

もちろん、人間の都合で勝手気ままに自然を変えてはならないし、変える場合にも別のかたちで自然を復元、創出する努力はしなければならないのは当たり前のことだが。

また、能が当初考えていたよりもっと多面的に、もっと深く川と関わりがあるということにも驚かされることになった。

まず、能、謡曲の素材に川が用いられて、川の、農耕など生活に必要な水を与えてくれる恵みの面と洪水などで災いをもたらす面のふたつをふまえた曲群が創作されている。

また、川が大雨のたびに川筋を変えることから、当時の人々が川の流転に人生を重ねた見方をし、最終的には川に浄化され癒されるという一群の曲が生まれている。

それから、装束に川や水の流れを描いた文様が用いられている。文様は恵みと災いの両面で表される自然の大きな力の象徴であり、その大きな力に身を包み、一体化することを願って生まれたもので、単なる飾りではない。

川原はまた、能が「能」と呼称される以前から寺社の境内と並んで公演の舞台であった。

これは川原が広い「空き地」であり、舟運が交通の主要な手段であった時代、人々の交流の場であったからだ。

交流の場といえば、橋がまさにそうだ。

「はし」とは橋も箸も端も嘴も、みな異なるものと我をつなぐもの、という意味を持つ言葉で語源は同じであるそうだ。

川、水などは人間界とは異なる世界、その向こうの土地もこれまたこちらの世界とは異なる世界であると当時の人々は見ていた。その異なる世界とこちらをつなぐのが橋である。

箸も嘴も自分とは異なるものを体内に取り入れて自分の滋養にするためのものである。端も異なる世界との境目、繋ぎ目をいう。

能の舞台は橋の形をしている。

舞台向かって左側にある橋掛かりばかりではなく、舞台の右手、地謡座の後方にある欄干の存在からも能舞台全体が橋であると私は思うが、それは能で演じられる世界があちらの世界でもなくこちらの世界でもない、その中間、交流途中のものであるからだ。

曲中のシテはたいがい亡霊や草花の精などこの世のものではない。それらがこの世の住人ワキと交流する場であり、観客と観客から見て異なる者である演者たちとをつなぐ場でもある舞台は、橋のかたち以外には考えられなかったのではないか。

古代、中世以来、人々が持っていた河川観。恵みの水への感謝と洪水をもたらす自然への恐れ、そのふたつを抱きながら淡々と暮らす、という生き方を現代の大方の人々はできないでいる。だが、北上川畔など水害常襲地帯に住む人々の中には、水害は時々あってもいい、上流から肥料を運んでくるから土地が肥える、と考えている人もいて、ここにはかつてあったたくましい自然との付き合い方、上流と下流とのつながりをみつめた生き方がうかがえる。こうした暮らしを支えるために河川改修以外で、例えば川筋の建物を高床式にするなど別の方法を取れないものだろうか。

川は近年ようやく、山と海とをつなぐ「回廊」である、という認識が語られるようになってきた。川もまた、交流の場である。

この日の催しで何が幸福であったかといえば、他のパネリストの先生方と出会い、心地よい時間を過ごせたことである。川を媒介にした交流の場において。

中尊寺白山神社能舞台

コンセントとしての能舞台

本を読んだり書き物をしたりしていて不思議に思うことがある。

自分が考えているのと同じようなことを別の人も同じ時期に考えていることを知って。

あるいは、自分の書いた文章のテーマとどこかでつながるものを同じページの中に見つけて。

たとえば、私がこれまで「みちのく随想」※に書いた文章でも、老女物の能から老いについて考えた「関寺小町」のとき、見開いて反対のページでは志賀かう子※さんが秋田県鷹巣町（現北秋田市）の介護福祉のことなど、老いについて書いていらしたし、自分で能「羽衣」を演じることで能を演じるとは恋することだと理解する「懐かしい空」のすぐ下、ビデオ紹介のコラムは恋がテーマだった。


いや、そういうことではないのかもしれない。およそ人が考えることはいくつかのジャンルに分けられて、生、老、病、死、仏教でいう四苦であるとか、愛とかいったものに収斂《しゅうれん》される。それでそれぞれがいろいろに考えているようでも、結局はそのいくつかのテーマにしぼられて、違う人同士が同じことを同じ時期に考えているように思えるだけなのかもしれない。

それでも、今年（二〇〇〇年）下半期の直木賞にノミネートされた田口ランディ※著『コンセント』を読んでいて、それを読むまでの数か月、河川と能の関わりを調べている間しばしば付き合った言葉に、ここでも出くわしたことは不思議であった。例えば巫女＝シャーマン、異なるもの＝異物、といった言葉である。

巫女が神懸かりして舞を舞うというのは芸能の起こりのひとつでもあるし、能のシテ（主人公）のたいがいはこの世とは異なる世界のものである。また、川はもちろん、能にも橋掛かり※の存在などで付き物の「橋」の語源が、こちらの世界とは異なるあちらの世界とを繋ぐものという意味であり、亡霊や草木の精などが表れるのに橋はまったくふさわしいのだった。

小説『コンセント』の筋は、引きこもりの兄が掃除機のプラグをコンセントに繋いだ状態のまま自殺する。その兄が生前、コンセントに繋がっているときだけ生きている少年が出てくる映画の話をしばしばしていたこともあり、主人公である妹はコンセントの意味を探り始める。その中で、彼女は心理学の教授やシャーマンの研究者、精神科の医師などに会い、コンセントの意味を見つけるためのキーワードにも出会っていく。

小説の中でシャーマンの研究者は「シャーマンとは共同体の中ではコンセントのような役目である。シャーマンを訪れる人は自分のプラグをコンセントに差し込んで神様の世界と繋がる」と主人公に言っている。

精神科医はコンセントから流れてくるエネルギーは異なるもの、異物だと言う。人間が五感を通して感じることはすべて異物であって、人の心は異物を吸収し消費することによってエネルギーを得ている、と。

ここでいうコンセントとは能ではまさに橋のことではないか。

こちらとは異なるあちらの世界からやってくる亡霊や草木の精などであるシテが、人間であるワキと交流するための最初の装置が橋掛かり=橋であり、この世でもない、あの世でもない、交流途中の世界が能の世界であるのだから、能舞台全体が橋でもある。さらに能一曲のエネルギーを能楽師が観客に伝え、交流する装置としての橋の役割も能舞台は二重に担っている。能舞台は観客にとっては能のエネルギーを受け止めるためのコンセントである。観客はそれぞれが携えたプラグをコンセントに差し込み、それぞれの感度に応じて感動する。

また、出演者と観客とが時間と空間を共有する舞台芸術すべてに言えることだが、観客席が舞台を正面から脇正面までぐるりと囲んでいる能の舞台は特に、観客席の雰囲気が舞台に大きく反映される。能舞台は観客の反応、感動のエネルギーを能楽師に伝えるコンセントでもあるだろう。

人は誰かと、何かと、繋がり、愛し、感応することで、エネルギーを得たり、癒されたりする。その対象はさまざまだ。小説の結末、主人公が「コンセント」を通して繋がり、感応し観応させるものはこれから読む人のために伏せておく。その伏せたものも能、芸能の大きなテーマであり、芸能の起こりである、とだけ言い添えて。

注…【みちのく随想】岩手日報の随筆コラム。岩手日報随筆賞受賞者が順番に受け持っている。【志賀かう子】随筆家。一九三五年栃木県宇都宮市生まれ。父祖の地が岩手県。一九八三年、初の著書『祖母・わたしの明治』で日本エッセイスト・クラブ賞受賞。【田口ランディ】小説家。一九五九年東京生まれ。作品『コンセント』は二〇〇〇年下半期の直木賞候補になる。【橋掛かり】能舞台向かって左側の廊下あるいは橋のように見える部分。

烏頭紀行《うとうきこう》

買い物に出かけるとき、「犬、猿、雉子」は連れて行かないことにしている。

これら、お供のものはなんの助けにもならないばかりか、お菓子売り場やおもちゃ売り場であれ買って、これ買って、とうるさく騒いで、ついには必ず親に散財させる。

もっと小さい時は、ちょっと出かけるにも、おむつや着替え、おやつもミルクも持ったり、冬ならばコートを着せたり、車の乗り降りのたびにチャイルドシートを締めたり外したり、と面倒だった。店の中でも、歩くと言ってみたり、カートに乗ると言ってみたり、あるいはそのカートを自分が押すとまで宣言し、すぐに操縦不能に陥り、終いにだっこしてくれとせがむのである。

そこで、わが家はほとんどの物を通信販売や宅配のお世話になっている。

本も新聞、雑誌の書評を読んで注文し、家に届けてもらっている。書評で絶賛しているので買った、それなのにつまらなかった、という失敗はあまりない。

しかし、あるとき、ベストセラー欄のタイトルだけを見て注文し、しばらくして届けられた本を見て当惑したことがあった。

『烏頭紀行』である。

お能に「烏頭」という曲がある。

都の僧が、地獄があるという越中の立山で亡霊に会う。生前猟師であった亡霊は殺生した報いを受けて、死後は逆に鳥獣に苛まれている。亡霊は故郷の陸奥外の浜の妻子に弔いを頼んでほしいと言い、証拠に麻衣の片袖をちぎって渡すと姿を消す。僧が外の浜の猟師の家に行き、蓑笠を手向けて弔いをすると猟師の亡霊がここにも現れる。亡霊がわが子に近付こうとしても、生前鳥頭の子を捕まえて親と引き離した罪で近づけない。猟師は殺生の所業のあさましさを物語り、生前のように鳥を獲るさまや地獄の苦しみを見せ、やがて救いを求めて消え去る。

生きるためには他の生き物のいのちを奪わなければならない。そしてそれを哀しいと思いながらもどうにもできない人間の業《ごう》というものが、この曲のテーマである。

直接に他の生き物のいのちを奪う者だけの業ではない。人間は自分の居場所を定めるために意識しているにしろ、いないにしろ、どれほど他者を傷つけたり、また傷つけられたりしながら生きていくことだろう。

小さな子どもがあって、まだ果たせないが、能の曲の舞台である土地をいつかすべて訪ね歩いて、感じたことを書いてみたい。鳥獣を殺しこそしないがこれも私の業である。

『烏頭紀行』はおそらくこの「烏頭」という曲に寄り添って、京都から日本海沿いを北上して富山県の立山に登り、その後青森県の外の浜までをめぐった紀行文に違いない。

よし、買おう。注文だ。

しかし、どうして著書は「烏頭」に着目したのだろう。どうして『烏頭紀行』などという地味そうな紀行文がベストセラーにランクされるほど読まれているのだろう。

著者がユニークな人だから、何か特別な企てが施されているのだろうか。解せない。解せないが、「能楽」に関する本はとにかく買うことにしているので注文した。

二週間ほどして、雑誌や他の書籍に交じって赤くて派手な表紙の本が届いた。パラパラと捲ってみると漫画である。私は漫画も読むのだが、これは注文していない。おかしいな、と書名をよく見たら『烏頭紀行』とある。どうしてこれが『烏頭紀行』なのか。不審に思いつつ中身に取り掛かったら、すぐにも書名の説明があった。

『鳥頭紀行《とりあたまきこう》』。

「烏《う》」ではなく「鳥《とり》」。

三歩歩くと忘れるといわれるにわとりのように、訪ねた先のことを忘れ歩く旅の記録漫画なのだった。

著書は、おいしい、という評論家の言葉に乗せられて食べにいったものの、まずかった店への恨みを綴った、あの『恨ミシュラン』の西原理恵子《さいばらりえこ》※さんである。著書名で本当はすぐにもおかしいと気が付かなければならなかったのに……。

若い女なのに、よくこんなえげつない漫画が描けるな、と編集者にさえ呆れられたという漫画を、しかし、私も笑って読んだ。

今また『鳥頭紀行　くりくり編』というのがベストセラーになっている。

能楽愛好家の皆様、どうぞお気をつけくださいませ。

それはお能の本ではありません。

注…【西原理恵子】漫画家。一九六四年高知県生まれ。『恨ミシュラン』は『週刊朝日』誌上に連載していたグルメレポ漫画。

鳥頭《うとう》あらすじ（喜多流以外は善知鳥と表記する）

五月、陸奥の外の浜（今の青森県）へ向かう僧が、途中、越中立山（今の富山県）を通ると老人に呼び掛けられる。老人は外の浜で昨年死んだ猟師の家を訪ね、その者の妻子に供養をするよう伝えてくれと頼む。そして証拠にと着ていた衣の片袖を引きちぎって僧に渡し消える。

外の浜に着いた僧は猟師の妻子を訪ね持参した片袖を見せると、猟師の家の片袖のない衣とぴたりと合うのだった。

僧が故人を弔っていると、猟師の霊が妻子の前に現れる。猟師の霊がわが子の髪を撫でようとすると子の姿は見えなくなってしまってお互い泣くばかり。猟師は生前「鳥頭」という鳥の、親が「うとう」と呼び掛けると子が「やすかた」と言って砂の中から這い出す習性を利用して猟をした、と述懐する。親鳥の真似をして「うとう」と呼んでは子鳥を捕えて暮らした殺生の残酷さを述べ、鳥を追う場面を再現し、さらには化鳥となった鳥頭に追い回される恐ろしさを見せる。

この苦しみから助けたまえと言うかと思うと、猟師の亡霊は見えなくなってしまった。

流されて

能を見るなら、仮設舞台ではなく、きちんと能楽堂で見たい。

ホールのようなところは能楽堂に比べると大きすぎて、一流の能楽師が演じても、彼らの放つエネルギーが広い客席の隅々には届かないように思えるが、どうだろう。

また、後ろの方の席だと、前方のたくさんの人々など舞台以外に見えているものが多すぎて、私の場合は気持ちが散漫になりやすい。

千席以上の大ホールは舞台の寸法とその上に設置する仮設能舞台の寸法が違いすぎて、納まりが悪い。本来の舞台の上に、能とは関係のない使用されていない場所が残って、これも落ち着かない。

「鬼界島《きかいがしま》」をそのような大きなホールで見た。

そもそも、「鬼界島」の登場人物、俊寛《しゅんかん》は、気性がねじけ過ぎていて心を添わせにくいし、成《なり》経《つね》、康頼《やすより》は島に流されるやすぐに気弱になって、熊野詣でのまねごとなどしてなんだかつまらない。すぐに反省するくらいなら謀反などしなければよかったのにと思う。誰も彼も小者で嫌になる。それなのに広いホールで演じられるものだから、ただでさえ小さい人物がますます小さく見えて困った。

歌舞伎の「俊寛」は、赦免されながら成経とその恋人千鳥の幸せを願って、船に乗る権利を彼女に譲る人情家に脚色されている。

譲ったものの次第に遠ざかっていく船を追い、その影を求め、足を摺り、船が視界から消え去るまで叫び続けるという筋だ。

悪玉の瀬尾を刺すくだりでは、右に刀を突き、髭を引いた「関羽見得《かんうみえ》」という英雄のする見得を切らせもする。平家物語の中ではまったく好意を持たれていない俊寛が大した出世である。こうでもしなければ、観客から共感や同情を寄せてもらうことなど叶わなかったのだろう。

ちょうど同じ頃、映画『キャスト・アウェイ』を観た。

宅配便のシステムエンジニアとして、時間と競うようにして暮らしていたトム・ハンクス※演じる主人公が、飛行機の墜落事故で引き受け荷物と一緒に大海に投げ出される。

どれくらいたったたか、気がつくと彼は島に流れ着いていた。近くを通る船もなく、彼はこの島で生き残るために懸命になる。

漂着していた荷物を拾い、スケート靴のエッジをナイフ代わりに利用したり、ドレスのチュールを魚を獲る網にしたりする。傷ついて血のにじむ手で摑《つか》み叩きつけたウイルソンのバレーボールを、手形が顔に見えたことから目鼻を血で描き足して人形に見立てる。これはいつしか主人公の心の友となっていく。

魚を獲ったり、火を熾《おこ》したりするのも最初は覚束なかったのが、いきなり四年後の画面に変わると、魚を一刺しで鮮やかに獲るまでになっている。

このまま島にいても救助される可能性が低いと見て、危険を承知で手作りの筏で海に漕ぎ出していき、やがて大きな船に助けられる。

この映画で焦点が当たっているのはまず主人公が生きるために する努力、島の自然との対決だ。だから、周りが全部海で、自分の国から遠く隔てているのも海なのに、海の大きさ、広さは描かれない。と、いうより海がほとんど描かれていない。印象が薄いのだ。

それがこの映画の行き方だとして、不満だったのは、結婚を控えていた恋人との関わりをあっさりと扱ったために、漂流ののち彼女の写真を慰めに暮らしている主人公の姿に今ひとつ説得力がなかったことだ。彼女との具体的な関わりの積み重ねを見せられていないので、主人公が彼女を思い出すとき、ああ、あの日のあのことを思い出しているんだなあという具合に主人公の気持ちに添うことができない。

主人公が奇跡的に帰還してきたとき、恋人がすでに他の人と結婚して子どもまでなしていた、という悲劇も弱い。恋人がどれほど悲嘆にくれ、どれほど手を尽くして探し、どれほど主人公を待っていたか、その日々を見せられていないので彼女への同情も寄せにくい。

この作品は島での困難と、生き延びたあと普通の社会に戻った彼を待ち受けていた試練の二つを乗り越える物語だ。だとしても盛り込みすぎたのではないか。

トム・ハンクスはこの作品で史上初、三度目のアカデミー賞主演男優賞受賞者になるのではと評判の熱演だったが、結局取れなかった。

『キャスト・アウェイ』の海を見ていて気付いたのは「鬼界島」の海の広さである。

能舞台の島一つ残して、地謡座の後ろにも客席にもひたひたと水を湛えて、一面の海だったあの日のホール能。

能「鬼界島」はただただ広い海と人の小ささを描くことが眼目の曲ではないだろうか。そう気付かせてくれたのだからホールの能も悪くないのかもしれない。

注…【トム・ハンクス】米国の俳優。一九五六年生まれ。一九九三年『フィラデルフィア』、一九九四年『フォレスト・ガンプ／一期一会』で米アカデミー賞主演男優賞受賞。二〇〇〇年『キャスト・アウェイ』ではニューヨーク映画批評家協会賞主演男優賞を受賞した。

鬼界島《きかいがしま》　あらすじ（喜多流以外では「俊寛」と称する）

頃は長月（九月）、鬼界島（鹿児島湾の沖五十五キロの孤島）。

平清盛に対する鹿ケ谷の陰謀が露見して、鬼界島に流された三人のうち、成経、康頼は中宮安産の大赦として赦されることになり迎えの使者が島にやってくる。

罪も配所も同じであるのにただ一人赦免状に名前がない、と俊寛は嘆き悲しむ。

二人の出て行く舟に向かって俊寛は渚にひれ伏して泣くだけであった。

取られて行きし

拉致事件の被害者のうち五人の方々が、二十四年ぶりに故国の土を踏まれた。同じ年月を待ち続けてこられた方々との再会の喜びはどれほどか、想像しきれるものではない。今回帰って来られなかった方々もあり、今また永住帰国や彼の地に残して来られた家族の問題など微妙なところにあって、どなたの心も未だ平安には程遠いだろう、と胸が痛む。

脳死問題を扱った「無明《むみょう》の井《い》」など、新しい能を創作していらっしゃる免疫学者の多田富雄《ただとみお》※先生は、中世において大方完成している能に新しい曲を加えるならば、きわめて現代的な問題であって、しかも普遍性のあるものでなければ意味がない、とおっしゃっている。

今現在、直面しているどうしようもない問題。拉致問題はまさにそれではないか。そう考えてしばらくして、いやすでに中世に、さらわれた子を狂いながら探し歩く親の能や、子どもがさらわれた先で健気に芸などを習得して人々に見せたりする能があったことに思い至った。

前者は狂女物といい、「桜川」「飛鳥川」「隅田川」などなぜか川に関係のある能が多い。また、後者は「花月《かげつ》」のように寺の縁起などを芸に託して見せる曲となっている。これらの曲は「隅田川」を除いてみな親子は再会する。

すぐに思い出せなかったのは、これらの能が物狂いといってもそれはひとつの芸で、面白く狂って見せるのが身上の曲、芸尽くしの方もその遊興性に力点が置かれた曲、今現実に起きている悲劇とは程遠かったからだろうか。

しかも私はこの一年、「花月」という七つのとき天狗にさらわれた少年の仕舞をずっと稽古し、「取られて行きし山々を」と幾度も謡ってきたというのに。

この曲が父子再会の幸福な結末であることに安心して、むしろ自分が失いつつある若さや潑剌《はつらつ》としたものを出すことに努めてきた。「かつて辛い経験をした少年」という視点ではシテを見て来なかった。

世阿弥※は『風姿花伝《ふうしかでん》』※で狂女物を「この道の第一の面白づくの芸能なり」と言っているが、さらに歌舞の面白さだけを狙うのではなく、物狂いとなった理由や失った人への思いをそこに込めていなければ、「ただ一偏に狂ひはたらくほどに、見る人の感もなし」と続けている。

これは何も狂女物に限ったことではなく、役に思いを込めていなければ、どんな舞も薄っぺらだということだろう。

中世には人さらいや人身売買が横行していたらしい。親が子を失ったり、探し求めたりする姿はよく見られたのだろう。そしてそのほとんどは、会えないままだったのではないか。だから能の作者たちは彼らの心を慰めるため、大方の曲をハッピーエンドとしたのではないか。あるいはまた、これから会えるかもしれない、と希望を抱かせる役目と心得ていたかもしれない。

親子再会の狂女物に川がしばしば登場する。川はこちらとあちらを隔てるものだ。しかし、昔の川は、今日の瀬が明日は淵となるように、始終流れを変えもする。川の流転と人生のそれを重ね合わせることで、見る者に望みや良い意味での諦めを与える作用もあったに違いない。

だから、親子再会の能は表には明るく、美しく、あえて深刻には作られなかったのだととらえてきた。

だが、連日の拉致問題の報道を見ながら、それだけではないようにも思えてきた。胸に重いものを抱えながら、なお美しく、深く年を重ねて来られた方々の顔。過酷な経験のなかでも失わなかった賢さや明るさ。

実際には暗く重くなりがちな話題を努めて明るく創作し演じるようにしたのではなく、悲しい、辛いというだけでは生きていけない人の一面、望まない生活の中でも前向きに生きることを選び取った人の強さや賢さを能作者はきちんと見て表現したのではないか。

秋の名曲に「三井寺」という、やはり子を探し歩く母の能がある。秋の夜の澄み切った趣が全編に満ち満ちた美しい曲である。詞章のほとんどは月のことしか謡っていないようで、子を探し歩くことは付けたりであるかのような曲だが、そうではなく、ここで表現したかったのは、月に洗われて透明に近くなった母の姿であろう。

試練と歳月が人に加えたもの、奪ったもの。差し引き勘定をして生きていくわけにはいかないが、辛く苦しい経験はきっとその人に奥行きや幅、厚みを加えてくれたはず。

彼らに慰めや励ましを与える新しい能を作る力は私にはないが、これらの曲を謡い舞うときには、せめてその思いを込めたい。

注：【多田富雄】免疫学者、文筆家。一九三四年茨城県結城市生まれ、二〇一〇年没す。東京大学医学部教授などを務めた。能楽にも造詣が深く、脳死をテーマにした『無明の井』やアインシュタインの相対性理論をテーマとした『一石仙人《いっせきせんにん》』など新作能の作者でもあった。【世阿弥】観世座の太夫、観阿弥の息子。室町時代、当時の田楽や猿楽を融合して芸風の幽玄化を図った。

能の役者、座頭、作者、理論家を一身に兼ねた。【風姿花伝】世阿弥の著わした能楽伝書。芸論集。

色紙「花月」 画：松野秀世

花月《かげつ》 あらすじ

三月、京都、清水寺。

筑紫、彦山の僧が修行の道すがら清水寺へ参詣する。そこへ花月という名の少年芸能者が現れ、清水寺のいわれを舞にして見せたりするうちに、その子が七つで行方不明になったわが子であることがわかる。花月はさまざまな芸を華やかに披露し、やがて父子手を携えて仏道修行に出立する。

三井寺《みいでら》 あらすじ

秋、京都清水寺、近江国（今の滋賀県）三井寺。

わが子を人買いにかどわかされた母が行方を尋ねて都に上り、清水寺観世音の夢の告げを受け、物狂いとなって三井寺に赴く。

十五夜、三井寺の僧は幼い千満《せんみつ》を伴い月見に出る。

物狂いの女も湖上の月を賞し、鐘の音に浮かれつつ、遊興の情趣を尽くし、ついにわが子と再会する。

Ⅱ

2003年－2012年

ひらくとき　ひらくまで

白山神社の参道も金色堂脇の坂道も、今見終えたばかりの能の素晴らしかったこと、装束の見事であったことなど称えあう声で華やいでいた。

二〇〇一年八月十四日、中尊寺白山神社能楽殿恒例の薪能の夜である。

能は果てたけれど、暗闇と静寂を山の主に返すにはまだいくらか時間がかかりそうだった。

駐車場から一台また一台と車が出ていくたびに、ヘッドライトが古代のハスの姿を浮かび上がらせる。

四代藤原泰衡公の首桶から発見された数粒のハスの実が八百年の眠りから覚めて花を開かせたのは平成十年の夏、実生から五年目の快挙だった。

古代ハスの特徴の細長い花弁を蕾ませてすっと立っている姿に、私は今夜「猩々乱《しょうじょうみだれ》」を披《ひら》かれた青年能楽師の姿を重ねていた。先ほど見事に開かせた花を、演能を終えた今は少し恥ずかしそうに蕾ませて、しかし背中に定規を入れたように綺麗な姿勢はそのままであるはずの。

「猩々乱」は能楽師が精進の過程で通る第一関門である。

海の中に住んでいる酒好きの妖精、猩々が親孝行な男に汲めども尽きない酒の壺を贈るというめでたい筋の曲である。「乱《みだれ》」はその猩々の型が常とは違って酒に酔ったか浮きやかになったものである。海面を蹴るようにしたり、片足で立ったりと常の能では見られない独特の足遣いをする。

この夜、シテの猩々が舞台に登場しての第一声にまず驚かされた。

いつもはご自身の姿にも似て端正に謡われる師の声が太く、ひび割れてさえ聞こえた。人と行儀のよい距離を取っているかのような能をこの夜は捨て、ぐいと一歩も二歩も見所《けんしょ》、観客に歩み寄っての謡と感じられ、心が震えた。伝えたいことは必ず伝える、という気迫が溢れていた。

気迫は当然舞にもこもっており、すっくと片足で立つ型では勢いが余って軸足がぶれるところも見られた。が、だからこそ良かったと思われた。力を制御して、内うちに小さく舞うことを拒まれた結果であろう。

後日、この感動を伝えたとき、師ははにかみながら、「乱」で得た技術は何か別の曲に繋がるものではなく、当日どう舞ったか以上にこの曲にどう向かってきたか、むしろ過程が大事な曲である、とおっしゃった。

「披※くとき」以上に「披くまで」が大切なのだと。

「中尊寺ハス」もまた、恵泉女子学園大学教授の長島時子先生の五年の丹精によりようやく開花したものである。種を水に入れ、葉が四枚になったところで土に植え替える。肥料負けしないように、肥料を施さないところから始まって、蓮根が大きくなれば大きい鉢に移すという作業を繰り返す。

ハスの花が咲く条件は肥料が適切であること、日当たりが十分であること、水の温度が温かいことの三つだそうだ。

このような「開くまで」の心配りがなくては「開くとき」は訪れない。

さて、仏教に「爾時《にいじ》」という言葉があるという。

法華経が出典で「爾《そ》の時」という意味だが、単なる連体詞「その」のついた「時」ではない。

お釈迦様の説法の地、霊鷲山《りょうじゅせん》で、菩薩※、阿羅漢《あらかん》※の顔触れが揃い、大衆の心も満ち渡り、時も熟し、聴聞の行儀が整った時が「爾の時」で、世尊が三昧からお立ちになり、「無上甚深微妙《むじょうじんじんみみょう》の法《ほう》」が今まさに説かれるその時が「爾時」だという。が、つまり、どの時もおろそかにしてよい時はなく一瞬一瞬が「爾時」だということだろう。

芭蕉も旅のすべて、人生のすべてが「爾時」であることを先刻承知で、この平泉までを歩き平泉を後にしたのは間違いない。

注…【披く】披キとは披露するとの意。能・狂言では習物を初演することをいう。能楽師の修行における節目や仕上げの意義がある。【菩薩】仏の次の位。自ら菩提を求める一方、衆生を導き、仏道を成就させようとする行者。【阿羅漢】仏教において最高の悟りを得た、尊敬や施しを受けるにふさわしい聖者のこと。略して羅漢ともいう。

猩々《しょうじょう》 あらすじ

秋、唐土（中国）。親孝行な酒売り、高風《こうふう》のもとに酒の妖精猩々が海中より現れる。猩々は高風に出会ったことを喜び、酒に酔いつつ舞を舞い、酌めども尽きない酒壺を彼に与える。それは夢だったのだが、酒の尽きない壺は残っていて、高風の家は末永く栄えたのだった。小書《こがき》『乱』で上演される場合、曲名自体を『猩々乱』『乱』と称するのが常。

猩々乱　佐々木多門師所演

中尊寺ハス

靭《うつぼ》猿《ざる》

野村万作《のむらまんさく》師※、萬斎《まんさい》師※、裕基《ゆうき》くんの三代が共演する狂言を盛岡で観てきた。習い事で急に観られなくなった次女に代わり実家の母がやってきて、母と私と長女、観る側も期せずして三代となった。

「靭猿」は裕基くんの初舞台。野村家では、三歳になると「靭猿」の舞台を踏ませる習わしがあるという。大名は祖父、万作師、猿曳きは父、萬斎師の配役である。

狂言と言えば、太郎冠者がすぐ思い浮かぶように、太郎冠者すなわち家来と、主人との間に起こる面白おかしな事が主な題材であるこの古典芸能に親子がテーマの曲はあまり見当たらない。しかし、狂言を演じるチームは親子、兄弟を核としてそこに弟子が加わる家単位のものだ。別の家の者とはまず共演しない。狂言の家の子は父や祖父は常に師でもある。

さて、「靭猿」は猿曳きの連れている猿の皮を矢を携帯するための靭にするから譲れという大名に、それを最初は拒絶する猿曳きが、それなら射殺そうとする大名に負けてやむなく自ら猿を手に掛けようとする。その後、二転三転あって、機嫌を直した大名の前でかわいい猿が舞を舞ってめでたく終わる、というものである。

この日、モンパという猿の着ぐるみを着た裕基くんが祖父や父の台詞の間、さまざまな猿らしい動き、蚤を取ったり、お尻を掻いたり、でんぐり返しをしたりで観客の笑いを引き出していた。祖父の万作師は大名が機嫌を直してからの猿との舞をいかにも嬉しそうに力演した。それは大名のご機嫌な様子からすっかり透けて見える、孫の成長を喜ぶ祖父の姿だった。

私はといえば、猿曳き萬斎師が、猿の動きに合わせて猿の腰に付けた綱を繰り出したり、余った綱に足を引っ掛けたりしないように手繰り寄せたりする動作に心を打たれた。それは演技のうちにも入らない舞台上の心配りかもしれないが、見続けているうちに涙がにじんできた。親とはこうしたもの。こうして子が転ばないように、失敗しないように、と常にさりげなく心を砕いているものだ、という共感からだ。「陰陽師Ⅱ」の舞台挨拶を午前にすませて、新幹線に飛び乗っていらしたという萬斎師の役は動きが少ないだけにかえって肩のあたりに疲れも見えた。しかし、それも親として、今、目いっぱいがんばっていることのあらわれのようで好感が持てた。

「ああ、萬斎さんもお父さんなんだ」

舞を終え、大名からご褒美を貰うと、猿は猿曳きの背中にぺたりと貼り付いた。萬斎師も裕基くんもどんなに嬉しいだろう、と思うとまた胸がいっぱいになった。おんぶする父、される子、またそれに付き添う祖父の三人の退場に送られる拍手は、舞台の面白さはもちろんだが、それ以上に父祖から子孫へ伝わるきずなへの深い畏敬によるものだろう。

注…【野村万作】和泉流狂言方。一九三一年生まれ。二〇〇七年重要無形文化財保持者各個指定（人間国宝）に認定される。長男は二世野村萬斎師。【野村萬斎】和泉流狂言方。一九六六年生まれ。文中は二世萬斎師のこと。狂言以外に映画など活動の幅は広く、映画『陰陽師』『陰陽師Ⅱ』は主演作品。

靱猿《うつぼざる》あらすじ（野村家の和泉流に則る）

狂言の曲目。

大名が太郎冠者を連れて狩りに出かける。途中猿曳きに出会い、連れた猿の毛並みの良いのを見ると、かねて靱（矢を入れるための道具）を毛靱にしたかった大名は猿の皮を貸せと言う。猿曳きが皮をはげば猿は死んでしまうと断ると、大名は弓に矢をつがえて迫り無理に承知させる。やむなく猿曳きは猿を引き寄せ因果を含めて竹杖を振り上げる。すると、猿は殺されるとも知らず日頃教えている芸をするので、猿曳きは猿を打てないと泣く。この様子を見て大名ももらい泣きし、猿の命を奪わないことにする。

靭猿　野村万作師
野村萬斎師
野村裕基師所演

息をすること

少女たちのエレクトーンによるアンサンブル演奏が終わった。

歌劇『アイーダ』の凱旋行進曲である。

私の通っていた中学校では、卒業式にこの曲を全校生徒で三部合唱する習わしがあった。当時は一学年が四百人弱、三学年千人を超える歌声が体育館中に満ちて、卒業生にとっても在校生にとっても、心震える励ましの音楽だった。

彼女たちの演奏を、だから、懐かしく聞いたのだが、どこが、どうだったというのだろう、感動が薄い。誰も間違わず、ぴったりと合っていた。だが、どこか淡々として元気がないように感じられた。

結局、このエレクトーン・フェスティヴァルで、本命の彼女たちは入賞はしたものの大賞は取れなかった。大賞はなんと、その彼女たちの伴奏でアニメ「とっとこハム太郎」から『木の実のプレゼント』を歌った次女たちのグループで、本人たちもきょとんとしているし、親の私たちも、なんであれが、と喜ぶ前に怪訝《けげん》に思うばかりだった。

後日、『アイーダ』の審査評は「歌っていない、息がない」というもので、次女たちのグループは「音楽を大事にしている」であった、と少女たちのグループも我が家の娘たちも指導を受けている先生からうかがった。

歌っていない、というのは、情感がこもっていない、ということだろう。

いや、彼女たちにしてもこの曲の解釈ができていないわけがなく、思春期初めの自意識の強さ、照れやはじらいが、曲への思いを身体や顔の表情で表現させなかったのだろう。

その点、園児の次女たちは身体を揺らし、表情で訴え、歌の最後では伴奏の余韻が消えるまで両手を高く上げて、やがてそっと静かに手を下ろし音楽を終えることができていた。

私が深く驚いたのは、息がない、という評の方だった。と同時にすぐにも納得できたのは、その数日前、私自身が仕舞の稽古を受けているときに、先生からいただいた注意が息のことだったからだ。

扇を持つ右手を前に差して、ただ一足《いっそく》出るだけの型なのだが、息を大きく吸って、身の内をいっぱいに満たして、吐く息と一緒に出るように、そうでなければその一足はとても軽いものになる、と言われたのだ。

実際、息を大きく吸ってから出る場合とそうでない場合とを演じ分けて見せていただくと、一足の型の意味が大きく違って見えた。

歌唱や、口から息を吹き込んで演奏する管楽器ならば、息つぎは重要、というか、適当なところで息をしなければ演奏が続けられない。

だが、鍵盤楽器は指と解釈する心が演奏するもの、仕舞も身体と曲を解釈する心が演じるものと思い、極端な話、息はどこでも好きなところでできてしまう分、どこで息をするか気にも留めていなかった。

素人の発表など、解釈すらなされずに演じられているものも多い中で、曲趣を理解しようとしている自分の演技、演奏は上等な部類に入るのでは、とうぬぼれてさえいたのだ。

息はあまりにも自然のことで、普段は意識の外だ。息を感じるのは緊張したときやその緊張が解けたときなど、むしろ特別なときだ。

だが、ひとたび息に注意を向けてみると、さまざまな分野でその道の達人が、息遣いの大事さを語っていることに驚かされる。

ＮＨＫ教育テレビの「からだであそぼ」という番組に「たのもう」というコーナーがある。それぞれの分野の一流の人たちに、小学生の男の子が一日入門して教えを乞う。

その中で、たとえば、太鼓奏者のヒダノ修一さんが「今の演奏は太鼓を間違いなく打つことに気を取られて、息をしていませんでしたね」と注意をしていらした。

また、別の回で、テニスの松岡修造さんが、テニスをする際の息の遣い方を一回分の放送をまるまる割いて教えていらした。

一度地面に落ちたボールを打つ場合とボレーなどを打つ場合の息の違いを、男の子自身の名前をゆっくり唱えさせたり、あるいは素早く言わせたりするやりかたで。

あるいは、また、仏文学者の鹿島茂さんが新聞の文芸時評で、最近の純文学作家の書く小説の、段落もなければ句読点もなく、ダラダラと続く文章も、上手なものはダラダラと書いているようでちゃんと息つぎしてある、と息に着目していらした。

思えば、こうして自分が文章を書く場合も、何に気を付けているかといえば、リズム、つまりは息なのだ。

『声に出して読みたい日本語』の齋藤《さいとう》孝《たかし》※さんが、吸う息は世界を自分の内に取り込むこと、吐く息は自分を世界に溶け込ませることだ、と著書で書いていらしたが、世界と自分を混じり合わせることが、この世での行いのすべてに通じるのではないか、と今思う。

注…【齋藤孝】教育学者、著述家。現明治大学文学部教授。一九六〇年静岡県生まれ。代表作に『声に出して読みたい日本語』他多数。NHK・Eテレの『にほんごであそぼ』を企画・監修。ちなみに『にほんごであそぼ』には狂言師野村萬斎師が出演し、狂言を基とした面白い日本語や身体の動きを表現している。

ひぐらしと華《はな》の経《きょう》

七月半ばの三連休に開かれた「喜桜会連合大会」は、いつもの年にも増して賑やかだった。

これは佐々木宗生師、多門師に稽古を受けている各教室の弟子たちが、平泉町中尊寺の白山神社能楽堂に一堂に会し、普段の稽古の成果を発表する会だ。私たち弟子にとっては「紅白歌合戦」のような、年に一度の晴れがましい舞台だ。

今回は喜多流職分友枝真也※先生が大勢の弟子を率いて参加され、いつも以上に華やいだ会となったのだった。

弟子の中には岩手日報の日報文芸「短歌」の選者、歌人馬場あき子※さんもいらして仕舞「烏頭」を披露された。馬場さんの仕舞はしっかりと力強く、ベテランでありながら枯れず、躍動感があり、化鳥に追われ逃げ惑う様を滞らせることなく一気に描いて見せていらした。

懇親会でのご挨拶も気持ちの良いほどさっぱりとして、飾り気のない人柄が偲ばれた。

重要文化財の舞台はどんなだろうか、どんな着物が映えるだろうか、と訪れる前はみんなで語り合ったりしていたが、訪れてみて一番素晴らしかったのは蜩《ひぐらし》の声でした、と馬場さんはおっしゃった。

私たち喜桜会員も七月に会を持つことはこれまでなく、カナカナカナと降るように鳴く蜩の声に舞も謡も引き上げられる経験は初めてだった。

馬場さんは学生時代から能楽に深い関心を持たれ、歌を詠む以外に能楽に関わる著述も数多くなされてきた。実際に能楽師の先生について稽古をされてきたことは、この道を学ぶ者なら大抵知っている。それでも能楽について解説されるのを目にすることはあっても、実際に舞われる姿を見るのは初めてで、しかもとてもお上手だったのでなんだか不思議な気がした。歌人馬場あき子、ではなく、素の馬場さんを垣間見たような気持ち。歌の結社で人を指導し束ねる馬場さんではなく、真也先生に敬意を払いながら教わったり、自宅でさらったりしている姿が舞台姿の後ろから浮かび上がってきたのだった。

この日は気持ちの良いことが他にもあった。能楽堂の向かって左、白山神社の神前に若い人が跪《ひざまず》いて祈っていた。この人も真也先生の社中の方で、白っぽい着物に緋色の袴を着けた姿で階《きざはし》の一番上まで上がって座り、随分長いこと頭を垂れていた。一番下の段の前には履物がきちんと揃えて脱がれてあった。

七月の暑さの中、右手の能舞台では発表順を迎えた誰かが仕舞を舞っている。左手の神社では巫女の装束に似た姿の女性が一心に祈っている。いつの間にそんなところに上がったのだろう。今まで誰もそんなことをしているのを見かけたことはなかった。それがまた舞台の邪魔にもならず、見る妨げにもなっていない、自然な行動であることに舌を巻く思いだった。

懇親会の席上、彼女を見つけて声をかけた。あそこで何を祈っていたのですか、と尋ねると、仕舞を無事に舞えるように「般若心経」を唱えていたのです、と彼女は答えた。

神社なのにお経なのですか、という私の素朴な問いに、「般若心経」は「はなの経」と言われ、寺院でも神社でも唱えて構わないものらしいのです、詳しくはわかりませんが、と彼女は断定を避け、謙虚な様子で答えた。

祈る心があれば、神社で、寺院で、経でも何でも唱えてよいということなのか、と思い、この日のことを岩手日報「交差点」に書いた。するとその日に、中尊寺の元執事長佐々木邦世さんから「般若心経」を神社で読誦する意味についてお電話をいただいた。

明治政府が神仏分離を行う以前は、中尊寺一山の僧侶が神殿にて「大般若経」六百巻を転読および論議を展開してきた。だから、「般若経」の神髄を簡単に説いた「般若心経」の読誦は神社で唱えるには最もふさわしいものだ、ということだった。

また、「はなの経」の「はな」とは「華」で仏教では法華経のこと。「般若心経」は「小法華」と言われる「華の経」なのだ、とも教えてくださった。

祈る心さえあれば、自分にとって切なる祈りの言葉、経でも法句でも念仏でも、もっと言えばキリスト教のお祈りでもよいのかと勝手に解釈をしていたが、それは違った。神前では「大般若経」「法華経」こそがふさわしいのだった。

懇親会の席で、ずいぶん長く神前にいらっしゃいましたね、と私が尋ねたら、「般若心経」をいつもなら一度唱えるところ、今日は三度唱えました、とちょっと照れ臭そうにして笑ったあの日の彼女の顔が浮かんだ。


注…【友枝真也】能楽シテ方喜多流職分。一九六九年東京都出身。【馬場あき子】歌人、文芸評論家。一九二八年東京都出身。短歌結社「かりん」主宰、岩手日報「日報文芸」選者。一九四七年喜多流十五世宗家喜多実師に入門。能楽の評論活動も行う。

能とサッカー

サッカーワールドカップ・アジア最終予選、三日のバーレーン戦では、盛岡市出身の小笠原満男選手の得点で、八日の北朝鮮では私の故郷富山県出身の柳沢敦選手のゴールなどで勝利し、見事に本大会進出を決めた。

四年に一度、ワールドカップごとのにわかファンの私だが、同様の人たちが能の稽古仲間にもいる。

この時だけは新聞のスポーツ欄にもちゃんと目を通して、ジーコ監督の采配を称賛したり、あるいは物を申したりする。

この日本の伝統芸能である能楽とイギリス発祥のサッカー。遠いようで非常に近い関係にある。能は「翁」など五穀豊穣を祈る神への捧げ物でもあるが、サッカーもそもそもは豊作を祈ってのものだそうだ。

サッカーの原形は、中にいろいろなものを詰めた皮袋を蹴ったり手で運んだりして争うスールという競技にあるという。

スールとはケルト語で太陽。つまり冬と春の間の時季に太陽をかたどった丸いボールを村単位総出で争い、勝った方の村は豊穣に恵まれるということらしい。村人全員参加の戦いであるから、見物人はなし。

今日サポーターが十二人目の選手と言われるのも、また、フーリガンなどという乱暴を働く熱烈ファンが生まれるのも、そもそも全員参加だから。自分の帰属する地域のためにプレーで参加する者もいれば、場外で暴れることで参加する者もいる、いていい、いて当たり前、という発想である。

さて、日本のサポーターは先のワールドカップでは最後に観客席のゴミ拾い、掃除までする紳士淑女の集団だ。こちらは全員参加の大会に掃除で参加していたわけだろう。

なほ美し

元日、かつてに比べれば薄くなったが、それでも何部もの特集を組まれて分厚くなったこの日の新聞に目を通した。

読んで感心したのは、元日の新聞だけで現在の日本、岩手が抱えている課題が大体提示され、その解決策の提言がなされていたこと、その他にも旬の話題がほぼ取り上げられていたことだった。人口減少問題、市町村合併、コンパクトシティ構想、外国人労働者の受け入れ問題、ポスト小泉首相、環境問題、食育、平泉の世界遺産登録、トリノ五輪、サッカーワールドカップなどなど。それらは元旦という特別な日であることから、おおむね希望に満ちた文章で締めくくられていた。

そうした記事の中で岩手日報「日報・新年文芸」の選者、馬場あき子さんの歌、「妄執の深き貌なほ美しと思ふ沈黙深き能面」に出合った。

正月はめでたい、新しい、清い、美しい、夢、希望といったありがたい言葉に飾られた月だ。人はそのような言葉に励まされ、元気をもらって生きていく。

しかし、それればかりではなく、悩みや苦しみの中にいる顔も美しいよ、と人間の全体像を肯定する言葉からもしっかりとした励ましを感じるものだ、とこの歌は教えてくれる。

人生は誰にとっても喜びや幸福ばかりではなく、苦悩や悲しみもある。喜びもだが、苦悩をこそよく噛みしめることで人間にさらに厚み、深みが加わるのではないだろうか。

上へ上へ、前へ前へと目線を高く、遠くへ合わせてきたこれまでのやり方では立ち行かなくなってきている現在の社会は、ちょうど「妄執」のさなかにあるようだ。

それもなほ美しと言えるようにしっかりとした「悩み方」をしたい。

展勝地《てんしょうち》薪能《たきぎのう》

先週、北上市の展勝地で薪能を観た。

世界遺産への本登録を目指している平泉を、同じ北上川につながる市として応援する意味を込めた企画とのことだった。

滔々と流れる北上川のほとり。柳の古木を背景にして、まずこの日の舞台が障りなく行われるように祭儀が行われた。

折り目正しい、とはこういう所作をいうのでは、と思われるほどきれいな宮司さんの所作がすでに「能」であった。

火入れの儀に続いて、水にまつわる仕舞三番が若い能楽師の方々により瑞々しく始まった。

そして、次第次第に西山の向こうに日が落ちていくなか、能「羽衣」の幕が上がった。

美保の松原で、松の枝にかかっている美しい衣を持ち帰ろうとする漁師と、その羽衣なくては天に帰れないと悲嘆にくれる天人とのやりとり。

午後の最後の光を放っていた日が、たいまつの明かりに役目を譲り終えるころ、天人が人間にもたらす円満豊穣の舞も佳境を迎え、やがて空高く消えていくのを観客もワキの漁師とともに見送ったとき、東の空には上弦を緩く張った月が照っていた。

狂言「墨塗《すみぬり》」でひとしきり笑ったあと、半能「春日龍神」の龍神が北上川の水に誘われ颯爽と現れた。

躍動感あふれる舞は、その溌溂《はつらつ》としたさまを見るだけでも幸福になるというものだ。

身体にみなぎっている若さ、心の健やかさを十二分に伝える舞を堪能した余韻を胸に家路についた。

能はそもそも野外の舞台で行われていた芸能だ。

能に限らず演劇などを見るとき、どうしても作品の主題、思想をとらえたくなるが、季節の風情、自然の中だからこそ得られる素直な感動をこそ大切にしたい、とあらためて思った舞台だった。

羽衣　佐々木宗生師所演

烏《う》頭《とう》

長い文章を依頼されたが、何も書くことがないのに愕然《がくぜん》とした。家の仕事と子育て、長く続けてきた習い事、ちょっとした頼まれ仕事であくせくしているだけの暮らしぶりを反省せずにはいられなかった。

心打たれるようなことが最近なかったかと自問すれば、ないわけでもない。忙しいが充実していると自分でもみなし、おそらく他人にもそう見えているかもしれないが、瞬間瞬間感じ思うことはあっても、それを心の中で深める時間の余裕、心の余裕が持てないでいることに気がついた。面白かった、楽しかった、良かった、悪かった、かわいそうだった。すべてがこの程度の感想で終わっている。物事を噛み締めて生きていない。丁寧に生きていない。考えていない。だから自分なりの発見を持った言葉が浮かんでこない。

自分の力以上に仕事を抱え過ぎたのだろうか。もっと自分を磨きたい。もっと子どもと関わりたい。もっと、もっと、と欲張ってきたことがいつの間にか枷《かせ》になっている。目前の問題、重要課題だけをその日その日ラッセル車のように処理をして、行く道を開き、何事もなく歩いているように見えて、路肩にはたくさんの未解決の問題と、ささやかだけれど大切なことが雪の山のように積み上げられていく。人生のマラソンを走り出したわが子に声援を送ったり、給水所で水を手渡したりしながら、しかし、私には私のマラソンレースもある。遥か遠いゴールを目指して、沿道の草花や周りの木々の緑を見ず、風やその匂いにも気がつかないで、ひた走りに走っているような日々だ。

鹿を追ふ猟師は山を見ずといふ事有り。

忙しくてならない日々に決まって浮かぶ謡曲「烏頭」の一節だ。

鹿など獲物を追う猟師は日々山に入っているのに、獲物を捕えることに一所懸命で、周囲の景色も目に入らない。花鳥風月を愛でることもせず、ただただ生活のために生きてきた、と地謡が亡霊の心で謡うところだ。

「烏頭」は生きていくためには他の生き物を殺さねばならない、それを悲しいと思いながらもそうせずには生きていけない人間の罪の原点を、猟師の姿に託して描いた世阿弥の傑作だ。猟師という、実際に鳥獣を捕える人間を描いているが、これを猟師だけのこと、他人事として考えるのんき者はいないだろう。

猟師の家に生まれ、生きるための精いっぱいの努力が罪として罰せられ、地獄の苦しみを味わうシテ。家族を養っていくために殺生を続け、地獄に落ちてまでも家族を懐かしんで現われる亡霊の心情は、現代社会の中で必死に生きている多くの親の心を、思わずはっとさせる。

その一方、ウトウという鳥を捕まえようとする場面では、男が一生をかけた仕事、猟への執心が鬼気迫り、見る者、聞く者を圧倒する。これはまた、仕事が食べていくための方便としてのみあるのではなく、人の存在証明となっている現代の心情とぴたりと重なる。

シテの亡霊が生前犯した殺生の罪を仏の力で救ってくれ、助けてくれと願いながらこの曲は終わる。

たいがいの執心は成仏し、めでたく終わることの多い能で、これは数少ない救いのない、永遠にさまよわなければならない魂の悲鳴が聞こえるような曲となっている。

たぶん、「烏頭」のシテは次にまた同じ境遇に生まれ落ちたなら、やはり自分や家族のために自分がなすべき仕事をするに違いない。その結果、やがて地獄に落ちようとも。

だから、この曲の結末を、しみじみと寂しいけれど人間とはそうしたものだ、と自分の懐に抱き取りたい。

私自身もこうしてときどきは立ち止まって悩んだり、反省したり、考えたりしながら、妻として母として、ひとりの女性として、きちんと、今しばらくは頑張ってみようと思う。

妻や母としてしか存在が認められなかったり、妻や母であることで社会生活が狭められたりしないように、女性が一個の人間としてまともに遇される社会は、女性自身が高まることで作られてもいくのだろうから。

夫も子どもも眠りについた深夜、携帯電話のメール着信音が響く。

日中は家事や育児、仕事に追われてできないＰＴＡ広報の作成作業をするお母さん仲間からのメッセージだ。

ああ、彼女も起きているんだ。

私も頑張って書いていたよ、と伝えたくて、メールを返す。

「烏頭」軸画（部分）
画：松野奏風

根《ね》雪《ゆき》

東京で久しぶりに能を見てきた。

小学生の娘ふたりを義母に預け、朝八時台の「はやて」に乗って。

東京駅では脇目もふらず山手線のホームに向かい、喜多流の能楽堂のある目黒駅で降りてからやっと少し落ち着いた。

この目黒駅と能楽堂の行き帰りが唯一東京の空の下を歩ける時間、東京の風に吹かれる時間だ。

能が終われば、新幹線に乗り遅れないように今度は一目散に駅に向かわねばならない。

娘たちがもっと小さい時は、東京に能を見に行くことなど思いも寄らなかったのだから、これだけでもありがたいと思わなければならないのだが、せっかく東京に行ったのに、東京らしいところにはどこにも寄れなかったという不満が少し残った。

東京らしいところ、とはどこか。行きたかったのは現実のどこかではなく、自分がかつて住んでいた東京、過ぎて行った若い日のことだ。

その日の能「班女」は東京で暮らしていた大学生の頃を思い出させた。

大学の何年生の頃だったろう、毎週楽しみに見ていた『午後の恋人』というドラマがあった。その中で能「班女」が重要なモチーフになっていた。

平岩弓枝《ひらいわゆみえ》※の脚本で、子どもがおらず、夫と二人暮らしの裕福な家庭の妻に若尾文子《わかおあやこ》※、彼女に魅かれる小鼓の若宗家に襲名前で海老蔵を名乗っていた、今の市川團十郎※が扮していた。

主題歌が中島みゆきの『根雪』という曲だった。佳い曲なのにシングルリリースもされず、話題には少しもならなかったが、私は好きだった。『根雪』が聞きたくて、アルバムも買ったのだ。ドラマは、主人公の夫が若い女の子と浮気をして子どもができる。その子可愛さに夫が主人公に離婚を切り出すと、主人公は、あら、まあ、とおっとりと驚きながら、意外にあっさりと別れを了承する。

この主人公の趣味が小鼓で、ある日の稽古に宗家の代わりに若宗家がやってきて主人公にひとめぼれする。今はもう独身と知るや、熱心に求婚するのだが、これも、あら、まあ、という感じで取り合わない。

そのうち、子どもが自分の子ではないとわかって、もともと主人公を愛している元夫も復縁を迫るが、あら、まあ、とこれも取り合わない。

津川雅彦《つがわまさひこ》※がおっちょこちょいの喫茶店のマスターに扮していて、主人公を追いかける。もちろん、若尾文子は、あら、まあ。四十才もとうに過ぎて身辺華やかなのだ。

自分は年上だし、若宗家は責任ある立場だから、と彼をしりぞけていた主人公だが、次第に彼に傾いていく過程に用意される能の曲が「班女」だった。

能の「班女」は男と遊女が再会の約束に扇を取り交わす。恋慕のあまり物狂いとなった女が男と再会したとき、相手をそれと認めるのは扇によって。ドラマの筋とは重ならないようだが、この能のテーマを借りて表したかったのは相手を思うひたむきな心情だったのだろう。

若宗家は「班女」を勧める際に主人公をまっすぐに思って小鼓を打つ。その舞台に心を動かされて、やがて主人公は若宗家を愛するようになるのだが、その時期は長く続かず、彼はがんか何かで亡くなるのだった。

人生の折り返し点を過ぎて、人生の午後に出会った恋人。それがタイトルの本当の意味だったろう。しかし、役者たちがおおらかな演技をしていたせいか、訪ねてくる恋人を午後の光が差し込む明るい居間で待っているような恋、恋人が来ない日は同じ居間でお昼寝などしているような恋を連想していた。

登場人物はそれぞれ悩んでいたはずだが、ドラマの印象はなんだか明るかった。その明るさ、おおらかさ加減が好きだった。

一方、主題歌の『根雪』はセンチメンタルな曲だ。

町に古い歌が流れていて、懐かしくさせる。古い歌は優し過ぎて、慰め過ぎて、余計なことを思い出させる。しかし、時がたてば、恋したあの人のことなど忘れられる、と自分に言い聞かせながら、まだまだ忘れられない心を歌っている。二番ではそんな思いも、彼との思い出も、足跡も車も、雪が隠して降りしきる、と歌っている。

『根雪』を毎週聞きながら、こうして歌を聞いていたときのこと、もう一脚の椅子をオットマン代わりに足を投げ出してドラマを見ていた頃の自分を、大学のあった町や住んでいた部屋、通学電車の中を通り過ぎる風やスーパーマーケットの前に夏になると漂っていたココナツミルクの匂いを、いつか懐かしく思い出すときがくるだろう、と感じていた。

切なく、痛みの少しまじった喜びとして。


注…【平岩弓枝】小説家、脚本家。一九五九年直木賞受賞。二〇〇四年文化功労者、二〇一六年文

化勲章受章。代表作に『御宿かわせみ』シリーズなど。【若尾文子】俳優。一九三三年東京生まれ。ＮＨＫ大河ドラマ『新平家物語』など出演作多数。【市川團十郎】歌舞伎の大名跡。文中の市川團十郎は十二代目のこと。ドラマ放送中は海老蔵名。一九四六年生まれ、二〇一三年に没す。子は現市川海老蔵、二〇二〇年團十郎白猿を襲名予定だったが新型コロナウイルス禍で歌舞伎座閉場、延期になった。【津川雅彦】俳優。一九四〇年京都府生まれ、二〇一八年没す。映画『マルサの女』ＮＨＫ大河ドラマ『葵　徳川三代』など出演作多数。

班女　佐々木宗生師所演

木六駄《きろくだ》

この夏人間国宝に認定された狂言の野村万作師が、十月五日、平泉の中尊寺能舞台で「木六駄」を演じられる。

「木六駄」は、年の暮れに都に住む伯父のもとに歳暮として木を六駄、すなわち牛六頭分の薪と、炭六駄、それに酒樽を届けるよう主人に言い付かった太郎冠者が、雪の中で十二頭の牛を追いつつ都を目指す筋だ。途中、峠の茶屋で寒さしのぎに酒を飲もうとするが、茶屋では酒を切らしており、茶屋の主は太郎冠者が携えている酒を飲めと悪知恵を授ける。酒を全部飲んで気が大きくなった太郎冠者は、扱いに困った牛六頭と薪、木六駄を茶屋に進呈していく。さて都に着いたとき、主の伯父に太郎冠者はどう言いつくろうのだろうか。

この曲は野村万作師が特に大切に考えている曲の一つであり、また中尊寺の野外能舞台でぜひ演じたいと願っているものだと聞く。

七年ほど前になろうか、真冬の中尊寺能舞台で万作師の「木六駄」が演じられたとき、私もダウンコートに防寒ブーツ、ポケットの中にもブーツのつま先にもカイロを忍ばせて出掛けた。

誰もが期待していた雪は降らず、積もらず、しかし、万作師、萬斎師らの芸の力が何よりもまずしんしんと降る雪を観客に見せた。また、外の景色が見る見るうちに雪に埋もれていくさま、その大自然の中の人間の小ささを見せてくれたことを思い出す。

また、万作師が牛を追うさまは、本当に勝手にあちこち歩いていこうとする何頭もの牛がいるかのように見えた。牛を追う人間の気持に関係なく生きている牛と、人間ではどうにもならない大自然、天気、地形。ままならないものと対峙している人間の姿を今回万作師はどう演じられるだろうか。また、七年の歳月は私の感じ方にどう変化を与えているだろうか。

慈しみ

年を重ねて分かる、ということがある。

本を再読したり、同じ映画を時を隔ててまた観たりすると、以前には気が付かなかったことに気付いたり、前のときとは別の人物に心を寄せるようになっていたりする。

先日、平泉・中尊寺の能舞台で七年ぶりに観た「木六駄」でもそんな思いを味わった。太郎冠者が十二頭もの牛を追いながら雪道を歩く姿に、私は自分の子育てを重ねて見るようになっていた。

自分の思い通りには動かない牛たちを「ちょう、ちょう」と声をかけて先に進ませたり、谷に落ちそうになる牛があれば元の道に戻そうと奮闘する太郎冠者は、子育て真っ最中の親の姿そのものだった。

牛追いのなかばで、足に履かせた沓《くつ》を擦り切れさせたあめ色の牛に、新しい沓を履かせてやろうとして太郎冠者が軽く蹴られる。そのとき「その根性じゃによって牛に生まれおるわいやい」

と牛相手に悪態をつく。

ここは観客から笑いも起こる印象的なところだ。しかし、そのあと、履き替えさせてすぐに「これで寒うはなかろうぞ」とさりげなく牛に声をかけてやるところには、以前は気が付かなかった。感情にまかせて子を怒ることがあっても、根底にはいつも子への愛情がたっぷりとある親の姿に似ている。今回の舞台で一番好きな場面となった。

ここには太郎冠者だけではなく、人に共通する優しさ、生きているものへの慈しみがにじみ出ている。これがあるから、太郎冠者の失敗も愚かさも観客によって肯定される。それは観ている私たちにも向かい、自分たちはちょっとした失敗をしたり、考え違いをしたりする不完全な者だけれどもなかなか愛すべき人間だ、という肯定に繋がっているのだろう。

木六駄　野村万作師所演

道成寺

佐々木多門師が平泉・中尊寺能舞台で大曲「道成寺」を初演された。

この曲は能楽師が精進の過程で通る関門の一つ、節目の曲だ。

一曲は道成寺に新しい鐘が吊られるところから始まる。この日、鐘供養にやってきた白拍子が舞を舞うのだが、鐘に何やら執心のある様子だ。シテと小鼓が独特の抑圧された空気を醸し出す。一転、調子が急に変わる舞では抑えていた執心が舞台を駆け、やがて吸われるようにしてシテは鐘に跳び入る。絶妙な間合いで鐘後見が鐘を落とす。それは同時だ。

これより先に鐘を上げたときの鐘後見の先生方の、力のみなぎった腕にも、寄せ合う真剣な顔にも魅せられた。

狂言以外でも活躍する人気役者野村萬斎師が、寺の能力役に徹して力を尽くしているのにも能楽の底の深さを感じた。

舞台の進行に目を配って静かに座る後見は、書の落款《らっかん》のように場に安定を与えていた。

これらの人々はみな、この前日発生した岩手・宮城内陸地震の報に接したが、新幹線と高速バスを乗り継ぐなどしてこの日ハレの日を迎える後輩能楽師のために約束通り駆け付けたのだった。

上演中、地震の被災地に向かうヘリコプターの音が時折した。「道成寺」は悪いことが僧によって祈り伏せられる曲である。早い災害復旧を願わずにはいられない。

この日の舞台は、世の中の平安を祈念した小謡で締めくくられた。

道成寺《どうじょうじ》 あらすじ

紀州（今の和歌山県）。

道成寺では鐘が再興され住僧が従僧ともどもその供養をしようとし、女人禁制を告げている。そこへ、白拍子の女が鐘の供養を拝みに現れ、言葉巧みに禁制を破って入場し、舞を舞ううち鐘を引き落としその中へ消える。能力が鐘の落ちたことを住僧に報告すると、住僧は昔まなごの長者の娘が一方的に山伏を慕い、追いかけられた山伏が鐘に隠れた物語を述べる。落ちた鐘を引き上げようと僧たちが祈っていると、中から蛇体が現れる。蛇体は立ち向かうが僧たちに祈り伏せられ日高川に飛び入っていく。

道成寺　佐々木多門師所演

師走の街で

能楽の舞囃子の稽古をいただくために月に一度盛岡に通っている。

娘たちが保育園児の頃からだが、それぞれ小中学生になった今も子育て真っ最中であることに変わりはない。手も心もかけねばならない大切な事柄がまずある。そこで稽古日は行きの新幹線の中で慌ててておさらいをすることになる。泥縄もいいところだ。先生には申し訳ないが毎度練習不足である。毎月毎月同じところを直されている。ひとつも進歩していない。

自分の稽古の番が終わり、さようならの挨拶ばかりきちんとして、稽古場のドアを閉め外に出たところで、あーあ、と思わず口からため息が出た。

タクシーがつかまらず、とぼとぼと中ノ橋を渡る。盛岡の師走の風が冷たい。自分にがっかりだ。なんて物覚えが悪いんだ。先生だって私に失望していらっしゃるだろう。

せめて盛岡に来た成果としてデパートの食料品売り場で美味しい総菜でも買って帰ろう、と急に思いつき、映画館通りの角を曲がった時、前から来た女性が私の顔を見てハッと息をのんだ。私もこの街に住んでいた時の古い知り合いかと足を止めた。

するとすぐさま「良いお顔をしていらっしゃいますね」と女性は言ったのだ。さらに続けて、「大きなものに守られていらっしゃる。立派なご先祖様も見えます」と続けたので、宗教の勧誘か開運グッズのセールスではないか、と私は身構えた。

「去年か今年、大きな転機はありませんでしたか」

「おっしゃる時期に転機はなかったと思いますが、毎日満足して暮らしています」

少しでも不足を言うと、宗教か開運グッズの話に発展するのではないかとおびえて、そんなことを口にしていた。

しかし、満足、と言ったそばから、これ以上今の自分の気持にぴったりの言葉はないと思われた。

「そうでしょうね」

足を止めさせたわびも言うと、その人は何を売りつけるでもなく去って行った。

家に帰って、夕方の食卓でそのことを話題にした。

すると、「良いお顔」のくだりでもう娘たちは「通りすがりにそんなこと言うなんて変だ」と息巻く。

「大きなものに守られている」くだりでは、何か売りつけられなかったかと心配する。

心配なことは何もなかった。そして、歩きながら考え、気づいたのだ、と私は続けた。「大きなものってあなたたちのパパのことじゃないかしら」と。

子育て中ずっと今日みたいに稽古にも行かせてくれて。理解がなくては稽古を続けられなかった。

そしてあなたたちもなかなか良い顔をしている。大きなものに守られているのではないか、と言ってみた。そうだと思う、と娘たちは神妙に答えたのだった。

三番叟《さんばそう》

今週末、盛岡ユネスコ協会創立六十周年記念の狂言会が開かれ、野村万作師が「三番叟」を舞う。

「三番叟」は五穀豊穣《ごこくほうじょう》を祈って舞われるものだ。

大地を踏みしめて田を作るような所作の揉《もみ》の段と、種をまくような所作の鈴の段。

万作師のめでたさを秘めた、力強い、軽快な揉の段と飄逸《ひょういつ》みのある鈴の段が見られるかと思うと楽しみでならない。

万作師が若い時は、子息の萬斎師の舞のような、エネルギーを外へ外へとたっぷりと発散するような「三番叟」であったそうだ。

萬斎師はその若い頃の万作師の「三番叟」を当時流行っていたマイケル・ジャクソン※の『スリラー』にも勝る、と本の中で言い切っていた。

型の切れ味、一瞬の静止、烏飛《からすと》び※の躍動感、それはまた「ボレロ」にも対抗できる、と。

万作師が年を重ねそれができなくなると、今度は内にエネルギーを保って、内に喜びをためながら撒き散らしていくような「三番叟」になっていったという。

足拍子も深い。

そもそも農耕儀礼であったものを洗練させて舞に、芸術に昇華させたものが今の野村家の「三番叟」であろう。

エネルギッシュな演目は狂言に限らず、どうかすると気持ちばかりが先走ったものになりがちだが、万作師の重量感、安定感のある「三番叟」で岩手の一年を祝福していただきたい。

注…【マイケル・ジャクソン】米国のシンガーソングライター、ダンサー。一九五八年生まれ、二〇〇九年没。史上最も成功したエンターテイナー、「キング・オブ・ポップ」と称されている。アルバム『スリラー』はギネス世界記録において史上最も売れたアルバムと認定。また『スリラー』のミュージックビデオはホラー映画風のショート・フィルムで制作されたミュージックビデオの最高傑作と言われている。【烏飛び】えいえいと声を掛けながら両足を揃えて高く飛び上がる型。

三番叟《さんばそう》 あらすじ（三番三とも）

「翁」の中で狂言方が舞う祝福の舞、五穀豊穣を祈る舞。前半、面を掛けず舞う「揉ノ段」と後半、黒式尉（黒い老人の面）を掛け鈴を持って舞う「鈴ノ段」からなる。

はろけくも

高速バスを利用して仙台に向うとき、「仙台宮城インターチェンジ」の少し手前で「広瀬川」という標識が目に入る。時々、何と遠くまで来たものか、何と長い時間が流れたものか、と不思議な思いにとらわれる。

三十年ほど前の学生時代、さとう宗幸さんの歌う『青葉城恋唄』が大ヒットしていた。「広瀬川流れる岸辺」で始まるその歌を東京の部屋で私もしばしば口ずさんだ。

そのときは将来その隣県に住んで、仙台に買い物に出かけたり能楽の稽古で毎月通ったりするとは夢にも思っていなかった。

仙台だけではない。岩手に住んで、平泉や盛岡という名前を、普段当たり前のように口にしている不思議を思う。

人生の岐路でそのときどきに選択をしてきた結果ではある。けれど、偶然の出会いがなければ私は今この場所にいなかっただろう。

私が長年稽古する喜多流の謡と仕舞の会の女性グループで、発表会の後反省会をしたり、ひな祭りや花見といった季節の行事を行う。いつもの稽古を終えたその場所で、持ち寄ったお寿司やお菓子をいただきながら、歌ったり踊ったりのささやかで温かな懇親会だ。

その会で一番年長の先輩が秋元順子さんの『愛のままで…』を所望なさって皆で大合唱するのが最近の恒例になった。非常に情熱的な歌で、合唱するような歌詞ではないのだが、先輩は意に介さない。自分の思いを共感してもらいたいのである。

その思いとは「すべての偶然があなたへと続く」という歌詞が示している。

九十歳に近づき、来し方を振り返るとき、亡くなった伴侶と共に歩んだ日々も、元は戦争にまつわるひとつの偶然、戦友の遺品を近所に届けにきた男性が真面目できちんとした人だからお宅のお婿さんにどうかと薦められて見合いをした、そこから始まったことに不思議を感じていらっしゃる。


灯を消せば山の匂のしるくしてはろけくも吾は来つるものかな　西塔幸子《さいとうこうこ》

はろけくも、よくまあ遠くまで自分は来たものだなあ。

西塔幸子の歌に深く頷く。

洗練された質朴《しつぼく》

会期も終わりに近くなった平日の午後、「白洲《しらす》次郎《じろう》※と正子の世界展」を見た。

入館者の誰もが口数少なく、白洲夫妻の展覧会にふさわしい静かな時間が流れていた。

私自身、能楽や旅、古い器や着物が好きなことから、白洲正子さんの著書には昔から親しんできた。打ち明けて言えば、自分はこの能を、この器をこのように見、この本をこう読んだが、白洲正子さんはどう評していただろうか、と教科書で答えを確かめでもするように彼女の本を読んできた。ひっそりと静かにお手本にしてきたので、最近ドラマになったり、展覧会など催されたりして本当はとても迷惑。しかし、そう思う人はおそらくたくさんいるだろう。

白洲正子さんは骨董の目利きと思われており、実際その通りであろうが、ご本人は目利きというより、自分が好きか嫌いかという基準で物を選んできただけだという。

気に入った物なら高価な壺も日常の雑貨も同じ、という態度は私自身にもあることで、「白洲学校」で正解した気持ちになった。

白洲さん夫妻の趣味はそれぞれ異なり、重なるところは少なかったようだが、ものに対する好みは「洗練された質朴」で共通していたという。

「洗練された質朴」とは私の理解では充分に手間も心もかけ、また多少お金もかけた地味なもの。暮らし方も同様だ。

何気ない日々の暮らしを淡々と過ごしつつも、どの瞬間も大切と考えて、深く丁寧に生きた白洲夫妻のように格好良く生きたいものと思った。

注…【白洲次郎】実業家、貿易庁長官、連合国軍占領下の日本で吉田茂の側近として活躍した。一九〇二年兵庫県芦屋市生まれ、一九二九年、伯爵樺山愛輔の孫正子と結婚、第二次世界大戦勃発の翌年の一九四〇年東京府南多摩郡鶴川村（現町田市）の古い農家を「武相荘」と名付け住む。一九八五年没す。

能というもの

白洲正子さんは幼少の頃から能楽に親しみ、自らも装束を着けて多くの能を演じた。それなのに、五十歳を過ぎた頃に突然、女に能は演じられない、とやめてしまった。能が能であるためには、男性の強靭《きょうじん》な肉体と精神がなければならないと悟ったからだ、というような説明は一応されている。しかし、この言葉の真の理解は難しい。

そして、ご自分の師匠が亡くなられたことをきっかけに、能を見ることからもしばらく離れてしまう。能自体つまらなくなったから、と言って。

そういう白洲さんをまた能の世界に呼び戻したのが、喜多流職分の故友枝喜久夫師の舞台であった。

喜久夫師は晩年はもう視力もほとんどなく、舞台で演じるには不自由なことも多かっただろう。舞踊で言えば振付に相当する「型」も超越して、無心で、完全に自由になっていらした。無心の舞に魅せられた白洲さんは、随筆の中で、あるいは対談の中で、さかんに喜久夫師の能を称え、人にも見るよう薦めた。

その喜久夫師長男友枝昭世師の能「羽衣」を、今週末盛岡で見ることができる。

昭世師は昨秋人間国宝に認定された、現在の能楽界を代表する能楽師である。

体が動く若い時は能というものがわかっておらず、少し能がわかってきたかな、と思う頃には体が動かなくなっている、と多くの能楽師の先生方が謙遜半分かとも思うが自嘲気味に嘆いていらっしゃるのを読んだことがある。

体も動く。精神の深まりもある。今ちょうど円熟の時を迎えていらっしゃる昭世師の能。拝見できるのが楽しみだ。

空を恋《こ》う

ワキ方の森常好《もりつねよし》師※がツレ二人を伴って登場し、「風早の、三保の浦曲《うらわ》を漕ぐ船の」と謡い出すと、舞台は春の浜辺に変わった。

三人が声を合わせ、強い吟じ方で颯爽と謡う。すると、まるで、海に向かって突き出した自分の顔にも、朝風が吹き過ぎていくような心地がした。

先ごろ、盛岡で行われた喜多流の能楽を見に出かけた。

昨秋（平成二十年・二〇〇八年）人間国宝に認定された友枝昭世師が舞われるというし、曲も「羽衣」だと聞けばなんとしても見なければならないと思った。

漁夫白龍《はくりょう》が松にかかった美しい衣を見つけ、持ち帰ろうとすると、天人が現われ、返してほしいと言う。漁夫との間で返す、返さないのやりとりがあったのち、天人の嘆きがあまりに深いので、漁夫は舞を見せてもらう代わりに衣を返すことにする、というのが能「羽衣」の筋である。

この能「羽衣」を私自身十一年前に面と装束を着けて舞ったことがある。平成九年に岩手日報文学賞随筆賞をいただいたご褒美として、本来はまだ能を舞う域にない私にも機会が与えられたのである。

その時の不思議な感動はそれまでまったく経験したことのない類のもので、おそらく演劇やバレエ、ミュージカルなど、舞台に立ったことのある人には少しわかっていただけるかもしれない。

舞っていた時にも自分自身の時間が流れていたはずなのだが、自分の時間は止まっていて天人そのものとして生きていたような気持ち。しかし、役になり切っていたわけではなく、天人を演じている自分を客観的に見てもいる。

演じ終わってすぐは喜びや満足感でいっぱいだったのに、少しして感じた天人との別れの寂しさ。

演能のちょうど一週間後、娘たちのソックスなど日用品を買って店を出て、何気なく空を仰いだ。ほんの一週間前は天人だったんだけどなあ、と思った途端、肩のあたりに留まってくれていた天人がふいに去っていったのに気付いて、空を見送った。

以来、「羽衣」が演じられると聞くと、天人に再会したい心持ちで出かける。

天人が三年に一度地上に天下り、高さが八十里もある巌を、そっと撫でただけでまた天に帰る。それを三年置きに繰り返して、八十里の岩がすっかり磨り減ってしまうまでの、長い長い時間を仏教では「劫《こう》」という。

「羽衣」を見ると、いつも同じ天人がその「劫」という長い時間を刻むためにさっと岩を撫でにやってきたようにも感じる。

友枝昭世師の天人は崇高で、気品があり、貴く、同時に他人を拒まない優しさ、包容力があった。華があり、見ている者を力づけてくれるような大きさも明るさもあった。

緋《ひ》色の長絹《ちょうけん》※は扇面に枝垂れ桜の文様。石割桜《いしわりざくら》※、一本桜《いっぽんざくら》※の岩手、盛岡への何よりのおみやげだ。

舞台前方にぐっと出てきて、舞の型をする天人の姿を追っていたら、視界にワキ白龍の姿が入ってきた。日本画の隅に押された落款《らっかん》のように、静かに存在していた白龍、森常好師が、天人を憧れ見上げていた。

彼はいつからまなざしを、高く遠くに上げていたのだろう。

能の舞台の約束ごととして、演じる者の姿を同じ舞台に立っている者たちは目で追わない。シテが舞台の後方に去っていっても、ワキ森師の視線は先ほどと同じまま、しかし、心は天人を見送っているのがはっきりとわかった。

愛鷹山《あしたかやま》、富士の高嶺、天人が国土に七宝充満の宝を降らしながら、上っていく。天の羽衣を浦風にたなびかせ、冠の金の飾りをきらめかせて。

以前、ディズニーランドで、幼かった長女が買ったばかりのくまのプーさんの風船を空に放してしまったことがある。

あれはプーさん、と私が知っているからだろうか、どんなに空高く上がろうと、小さくなろうと、風船はいつまでもプーさんであり続けた。

プーさんと一緒に大事な何かを空に飛ばしてしまったような、取り返しのつかないような気持ちで、私は空を仰いだ。

白龍にも、天人がどんなに遠く小さくなってもいつまでも天人の姿のまま見えていたに違いない。

天人が橋掛かりを舞い込んでいき、霞《かすみ》に紛れてとうとう見えなくなった。

ワキは舞台で留めの拍子を踏む時も、高く遠く、今は幻となった天人を、私たち観客の代表として見つめ続けていた。

この日の「羽衣」に晴れ晴れと身の内が清められたのは、シテの美しさ、華やかさによるばかりではない。ワキの、空を恋う姿があまりにも健気《けなげ》だったからである。

注…【森常好】能楽下掛宝生流ワキ方。一九五五年東京生まれ。一九九八年度芸術選奨文部大臣新人賞受賞。【長絹】能・狂言の装束。主として舞を舞う女性の役が羽織る広い袖、長めの丈の上着。両袖下には露と称する紐が付いている。【石割桜】岩手県盛岡市の盛岡地方裁判所構内の巨石からそれを割った様に咲く樹齢三百六十年を超える桜。岩手の観光スポット。【一本桜】単一で植えられた桜の呼称だが、文中の桜は岩手県雫石町小岩井農場内の桜のこと。樹齢は不明だが明治四十年代に植えられたと言われている。岩手の観光スポット。

羽衣　友枝昭世師所演

大人の醍醐味《だいごみ》

『ローマの休日』を観て以来、オードリー・ヘップバーンのファンになった小学生の次女が、あこがれのままに彼女の他の映画も次々に観、写真集や伝記も読み込んだ。映画『ティファニーで朝食を』を年齢なりの理解で楽しんだあと、娘は私の本棚からカポーティの原作を借り出していった。

読み終えて、「映画のようにハッピーエンドで終わった方が良かったのに」と娘が感想を言うのに、私はふふん、と鼻で応じた。

「そんなことを言うのは、あなたがまだ若く、幼く、何も失っていないからよ」

映画はヘップバーン扮するホリー・ゴライトリーとジョージ・ペパード演じる作家志望の青年が、お互いの恋心に気づく雨のシーンで終わる。

しかし、原作ではホリーと作家志望の「僕」とは恋愛感情でつながっていない。彼女は「僕」の中に中性的なもの、居場所のなさを認めて心を許している。結末が映画のようであるわけがない。

作家になった「僕」が何かにつけふと思い出し、懐かしんでいるのは、ホリーというより小説の冒頭でまず語り出しているように「以前暮らしていた場所」なのである。そして、ホリーたちと過ごした若い頃、「過ぎていった時間」であろう。

「失くしたものを思い出すときの苦さと甘さは大人の醍醐味よ」と私は続けた。

何を言っているのだか、と娘はきょとんとした。

「まあ、大人になってみなさい。ただ、甘さの方は無為に大人になっていたのでは味わえないけれどね」

跡継ぎハムレット

わが家の娘たちも中高生になって、それぞれ好きな歌手ができてきた。

次女はアイドルグループ「嵐」のファンとなり、この夏は彼女と一緒に私もメンバーの一人松本潤さん主演のドラマ『夏の恋は虹色に輝く』（フジテレビ）を楽しんだ。「月９」といわれるトレンディドラマの枠に初主演だったそうだが、視聴率がそれほど良くなく次女は放送中ずっとやきもきしていた。終わってみればその枠では下から二番目の低視聴率だった。

若い年頃の男女による単純なラブストーリーではなく、恋人の設定が今ひとつ地味なのがこけた原因ではないか、とは娘の分析だ。

名優と元女優の両親を持つにもかかわらずまったく売れない二世俳優「松潤」と、竹内結子さん演じるバツイチ年上女性との恋のゆくえがこのドラマの主な筋だが、同時に二世俳優が人間的にも俳優としても成長する物語であった。

いい話だったと思うが、このドラマの底に流れる「父を超えていこうとする息子」というテーマが案外視聴者には伝わらなかったのではないか、と私は娘に感想を話してみた。

バツイチ年上女性は人気俳優であった父の大ファンだったという設定であり、「松潤」は仕事でも恋でもまず父に負けているのだ。

演技が下手で、自分の仕事への意気込みも足りなかった息子「松潤」が彼女への恋心や周囲の人々と接する中で仕事に対する姿勢が少しずつ変わっていく。主宰者が厳しいことで有名な劇団のワークショップに参加し、『ハムレット』の練習メンバーに選ばれ、台詞のある従者役を与えられる。妥協のない演技指導を受け、努力を重ねる。そこでやり取りされる『ハムレット』の台詞がそのまま父と同じ仕事を自分の仕事にしていこうとする息子の思いと重なっていた。

かつて『ハムレット』を舞台で演じた狂言師野村萬斎さんが、「ハムレットは家を受け継いでいく立場の自分とどこか似ていて理解しやすかった。また、常に父に見られていると意識しながら『演じている』点でも似ている」と書いていらした。

本家、シェイクスピアのハムレットは狂気を演じながら破滅していったわけだが、「松潤」ハムレット、いや、まだやっと従者だが、は賢い。彼は父の仕事を正しく受け継ぐには自分の努力しかない、とちゃんと気づいていく。

悲劇に終わらない『ハムレット』。世襲論にもなっており、優れたドラマだった、と私は思っている。

一畳台《いちじょうだい》の宇宙

安室奈美恵《あむろなみえ》※のファンである高校生の長女に付き合って、中学生の次女と私も一緒に上京して彼女のライブを見るのは、ここ何年かのわが家の母子三人の特別の楽しみだ。

土曜の夜のライブを見て、日曜は三人で都内で買い物をしたり、素敵なレストランでランチをしよう、といつも通り計画を立てていた。ところが今回はそれぞれ日曜日は予定があり早朝の新幹線で岩手に帰りたいと言う。もう少し遊んで行きたかったのに、とがっかりしていたら、娘たちは、自分たちで帰れるからママは東京を楽しんできて、と続けたのだった。

いつの間にか親が要らなくなっていたのである。だったら私も心置きなく好きなことで時間を過ごそう、と頭を切り替え、能「邯鄲《かんたん》」を見ることにしたのだった。

「邯鄲の枕」「一炊の夢」といえば、人生とははかないもの、と教える故事成語だ。

能「邯鄲」はこの故事に由来する。シテは喜多流の内田成信《しげのぶ》※師。精鋭揃い、と称される同流青年能楽師のおひとり、精鋭中の精鋭だ。

成信師は、この十年ほど、私も会員となっている「喜桜会」の謡と仕舞の発表会で地謡の応援をしてくださっていることもあり、特別親しみを感じている先生だ。

その「邯鄲」の筋はこうである。

邯鄲の里で不思議な枕を使ってひと眠りをした青年蘆生《ろせい》が、勅使に起こされると自分が王位についていることを知る。輝かしい宮殿に住み、朝貢する諸侯の行列は美しい。そうこうするうちにも即位して五十年の月日が立っていく。一千年の寿命を保つ薬の水を飲み、喜びの舞を舞っていると、今度は居並ぶ諸侯も美しい宮殿も、次々に、まるで何かに吸い取られるように、すっかり消えていく。粟飯が炊けたと起こす宿の女主人の声に青年は夢から覚め、人生は粟が炊けるまでのほんの短い時間に等しいほどはかないものだと悟る。

通常の能の舞が三間四方の舞台をすべて使って舞われるのに対して、この能は宮殿を模した一畳ほどの、しかも舞台の脇に置かれた台の上で舞われる。

内田師の舞は、脇の小さな台の上で舞うのに少しも窮屈さを感じさせず、大きくて立派だった。そして、そのためかえって、人の一生とはどんなに立派であろうとも、所詮あの小さな空間で繰り広げられる、小さく短いものに過ぎないのだ、と観客に悟らせた。謡曲の内容によるより、その効果はもっと大きいのではないか。

私はまた、「邯鄲」の舞を見ながら、自分が幼い頃に持っていた、ふたを開けるときれいなバレリーナがくるくる回り出すオルゴールのことも思い出していた。

ねじが巻かれている間、くるくると音楽に合わせてバレリーナは健気に踊り続ける。あのバレリーナは、この世に生まれ落ちたなら、ずっと生き続けなければならない私たちそのもののようだった。

それからまた、「邯鄲」の一畳台は宇宙から見た地球にも思われた。

宇宙から帰ってきた飛行士が、例外なく、宇宙から眺めた地球を美しかったと言い、そこでたくさんの人々が一所懸命生きていることをとてもいとしいものと思えたと異口同音に口にされる。

最初に宇宙空間から地球を見たときは、だいたいどこの国の飛行士もまず自分の国を見つけて、あった、あった、と喜ぶそうだが、そのうち自分の国も他の国も関係ない、という境地になっていくのだという。つまり、地球全体が自分の帰属する場所、自分の帰る場所という感覚なのだろう。

宇宙から見る地球には国境もない、とも言われる。一見してその丸い物体の上のどこかで争いが起きていることも宇宙からは見えない。

地球から離れて地球を見ることで、地球の大きさも小ささもわかる。

地球の上で今まさに豊かな人も貧しい人も、健康な人も病気の人も、みなそれぞれ生きている。苦しんでいようとも、成功して人生を謳歌していようとも、一生懸命に、争ったり愛し合ったりしながら生きている。

人とはなんと健気なものだろう。

「邯鄲」のテーマは「老荘思想」であると言われる。「老荘思想」とは現世に対する虚無の思想である。いかに栄耀栄華を極めようと、人の生とは一瞬で、死んでしまえばすべて無に帰する。だから、この世のことはなんら価値がない、権勢利欲の世界から逃れて生きよう、という思想である。

だが、私は能の「邯鄲」から虚無というものは感じなかった。

人の一生は長い歴史の中では一瞬かもしれない。しかしかけがえのない一瞬だ。誰もがこの世でそれぞれの舞を懸命に、ひたすらに、舞っているのではないだろうか。

注…【安室奈美恵】元歌手、ダンサー。一九七七年沖縄県生まれ。数多くのヒットを飛ばした他、彼女の恰好を真似をしたアムラーと言われる女性たちの出現など社会現象を引き起こした。二〇一八年惜しまれながら引退した。【内田成信】能楽シテ方喜多流職分。一九六八年神奈川県鎌倉市生まれ。

邯鄲《かんたん》 あらすじ

唐土、蜀の国の蘆生《ろせい》という青年が高徳の僧の教えを受けようと旅する途中、邯鄲の里に着く。宿の主が粟の飯を炊く間、しばし貸してくれた邯鄲の枕に就き仮寝する。するとそこへ王宮より勅使が迎えに来る。

王宮では王位に就いて栄華を極めるが、粟の飯が炊きあがった、との声で目覚めると蘆生は元の宿にいるのだった。

人間一生の盛衰はただ粟飯の炊ける間にすぎぬ、と蘆生は悟り帰っていく。

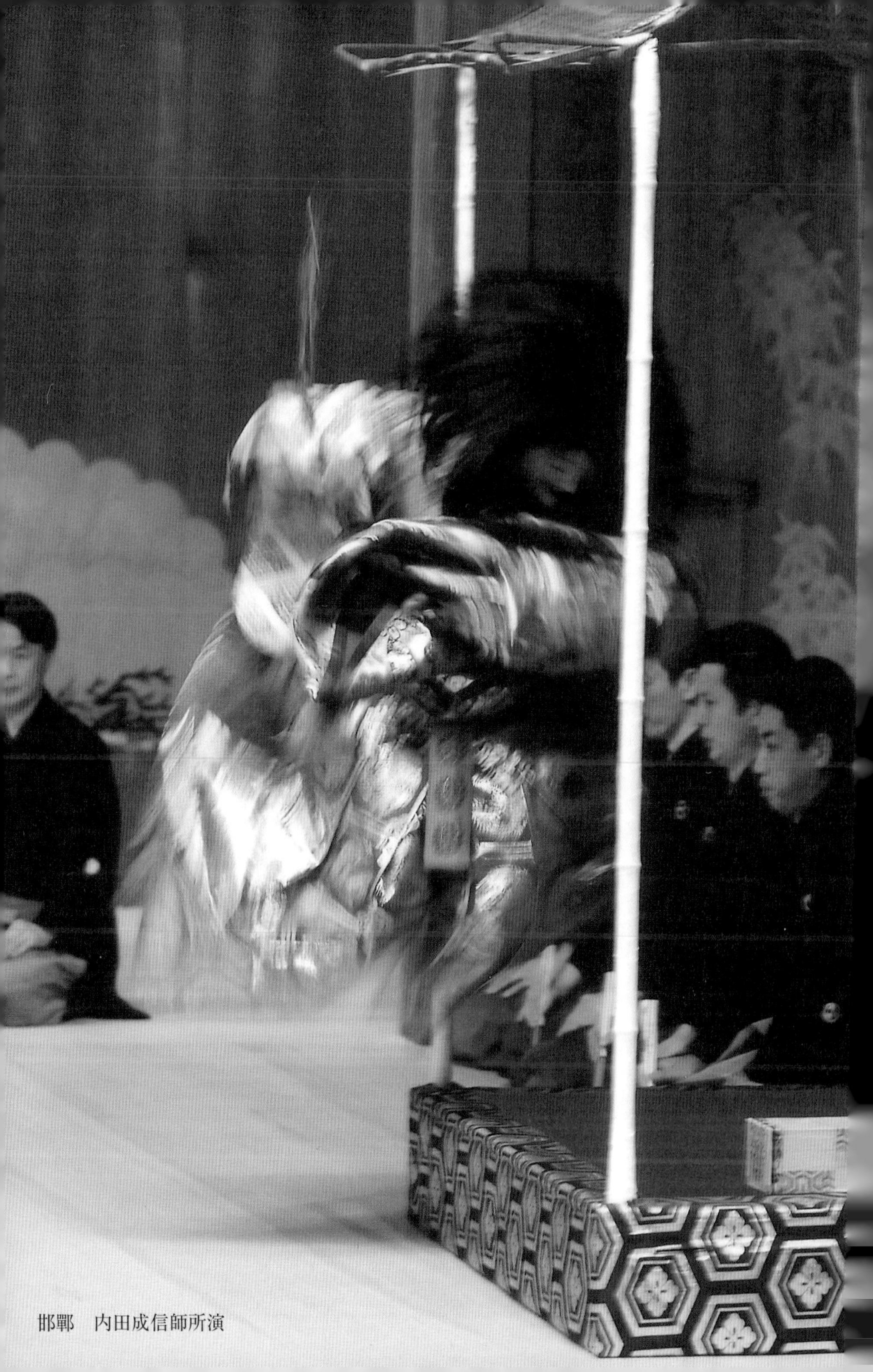

邯鄲　内田成信師所演

降る雪に

中学一年生の次女が塾から出てくるのを待つ車の中から、街頭に照らし出された雪を見上げていた。

灯りに丸く照らされた雪を見つめていると、地に降ってくるのか空に向かっているのかわからなくなってくる。

やがて、塾の入り口に娘が現れ階段をタタタっと下りてきた。車道の際で左右どちらからも車が来ないことを認めると、少しも急ぐことなく気取った足取りで通りを渡って車に乗り込んできた。

最初の角を曲がろうとする頃、娘がポツリと言った。

「今年は今までとはまったく違う一年だった。」

気が付いたら夏でした、とか、気が付いたら冬でした、とか、そんなではなかった、と。

面白いことを言う。ほう、と思わず口に出た。

その言葉をもっと掘り下げたいと思うが、次々に質問を繰り出せば、難しい年頃にさしかかった娘はいら立ちを見せ、ママなんかに話すんじゃなかった、と言うかもしれない。

一を聞いて十わかってよ、と思うかもしれない。

雪が降っていて、ああ、雪だ、と娘は思ったのだ。

去年も今年と同じように、塾が終わり、雪の降る中、母の私が待つ車に乗り込んだ。あれから一年たった、と娘は感慨を持ったのだ。

ああ、降ったる雪かな。

能「鉢木《はちのき》」のシテ佐野源左衛門常世《さののげんざえもんつねよ》が大雪を眺めて思わず口にした言葉だ。一族に領地を横領され、落ちぶれている常世のそれは人生への慨嘆である。不如意を嘆く言葉である。それは自分一人を嘆く言葉ではない。人生とは誰にとっても何と生きにくいものであろうか、という述懐である。

一方、娘のそれはようやく人生が始まった証しだ。言葉の後ろにはまだわずかな年月しか重なっていない。

昨年の今頃は地元の中高一貫校への受検に臨んでいた。合格を目指して勉強の最後の追い込みをしていた。そして一月の末に合格発表があり、無事に合格を果たしたのだった。初めて真剣に何かに挑み、初めて自分の努力で自分の道を切り開いたのだった。

小学生から中学生になった。市内外の別の小学校出身の級友たちがもたらす話題は地元の中学に進んでいたのでは聞くことができない広がりがあった。それは単純に遊びに行く場所が地域を超えているだけに過ぎなくても、広い世界に一足早く踏み出したことに変わりないのだった。音楽や映画、本の好みも大人びたものになった。

春にはこんなことがあった、夏には、秋には、冬にはこんなことがあった、と記憶に残したい特別な事柄が次々彼女には起こったのだ。

自分自身で時間を刻んだ一年だった。

だが、もう少しすれば、常世の嘆きを我が事としてわかるようになるだろう。

充実した日々を送ろうが不如意であろうが、時は流れる。時が流れていくことへの小さな驚きを私の方こそしみじみと聞いたのだった。

萬歳楽《まんざいらく》

岩手日報「花時計」※や「声」※の欄に、このところ何度か地震の際に唱えるおまじないについて書かれてあった。

地震が来たら「マンザェロク」、「マンデァラク」、「マンジェロク」などと唱えて、地震が早く軽く終わるように願うものだそうだ。投稿者の年齢は八十代、昔おばあさんに教わり、今も地震のたびに唱えて安心を得ておられるとのこと。

私は一読してすぐに、これは「萬歳楽《まんざいらく》」ではないかと思った。

謡曲「高砂」のキリ（終い）の詞章に「千秋楽は民を撫で、萬歳楽には命を延ぶ」とある。「千秋楽」も「萬歳楽」も雅楽の曲名で、前者は民の安全を、後者は長寿を祈ったりするものだ。だから、もともとは命を延べる方、地震から命を守ってください、という祈りの気持ちから唱えたものではなかっただろうか。

「千秋楽」が大相撲や歌舞伎、演劇の世界で最終日の意味として定着し、「太平楽」がのんきに構える意味として使われるように、雅楽は人々の生活から案外近い存在ではなかったろうか。「萬歳楽」も同様で、生活の中で普通に使われていた言葉のように思う。

八十代ならば、私の親世代だ。戦後の価値観の変化を経験し、高度経済成長の時代に第一線で働き、かつ子育てをした世代。民間伝承など古臭いと片づけられたり、「自主規制」をして、次の世代に伝えられなかったものは数多い。「マンザェラク」もおそらくそのひとつだろう。

注…【花時計】岩手日報に長く続く女性読者のエッセイ投稿欄。【声】岩手日報の読者意見投稿欄。

高砂《たかさご》　あらすじ

播磨国高砂（今の兵庫県高砂市）。

阿蘇の神主が都へ上る途中、播州高砂に着く。そこに杉帚（喜多、金春、金剛では両人とも杉箒、観世、宝生はシテの尉はサラエ）を持った里の老夫婦が現れたので高砂の松のいわれを尋ね、松のめでたさ、和歌の徳について由来を聞く。

老夫婦が立ち去った後、神主は浦人に高砂・住吉の松と明神のことを尋ね、その浦人の舟で住吉へ向かう。

そこへ住吉明神が現れ颯爽と舞を舞う。

相生の松により夫婦和合と長寿を祝福し、常盤の松を象徴とした和歌の道の繁栄、国の平安を寿ぐ。

何かを感じて 何かを伝えて

今年はショパン生誕二百年の年である。また、五年に一度の「ショパン国際ピアノコンクール」の開催年でもあった。

この本大会審査委員を務められたピアニスト小山実稚恵さんに、先頃急逝された岩手日報学芸部長一戸彦太郎さんがインタビューをした記事を岩手日報で読んだ。ピアノを弾かない人、音楽ファンではない人にとっても示唆に富んだ内容で、感銘を受けた。

この中で、ピアノコンクールに出場する日本人の多くが、とかく曲だけに取り組みがちで、文学や美術など別の表現から音楽のヒントを受けずに生きているのではないか、と小山さんはおっしゃっていた。コンクールの上位入賞者は見聞が広く、生活自体何か感じ取りながら営んでいる、と。

重要なことは「伝える」ことで、「弾ける」こととは別物、という小山さんの言葉は「弾ける」を「書ける」「描ける」「踊れる」「舞える」「歌える」「謡える」などどんな言葉に置き換えても通用するものだろう。

同じ頃、新聞の書評を見て知った漫画『花もて語れ』（小学館）で「赤ちゃんの言葉はどうしてみんなによく届くか。それは伝えたい気持ちが強いからだよ」という言葉にも出合った。

声が小さく人と話すのも苦手な主人公が「朗読」に出合い、その魅力を知り、自分も変わっていく物語だ。

また、同じ頃、一関市学校保健会の講演「小さな声を受け止めていますか?」を聞いた。この講演では、講師のこんのひとみさんが小さな声の子がなんとしてでも伝えたいことができたとき、初めて大きな声が出せたというストーリーの絵本を朗読してくださった。朗読が声で届けるのは自分の思いではなくて、筆者や登場人物の思いだ。彼らの思いを伝えたい、と思えば皆に伝わる。皆に伝わったとき、それは読み手の思いが皆に伝わったということだ。なぜなら自分の中にない思いは込められないからだ。

一戸部長がインタビュー記事で届けたものは小山実稚恵さんの思いだが、それに共感してぜひとも伝えたいという一戸部長の思いも込められている。

表現する、創造するということは自分の内にあるものを総動員して行うことだ。

深く感じながら生きることが、格別何かを創造しなくても表現になっているような生き方をしたいと思う。

ことばと一緒に

今日六月十二日はナチス・ドイツから不当な迫害を受け亡くなったアンネ・フランクの誕生日だ。十三歳のこの日贈られた日記帳を、アンネは「隠れ家」に携え、それから二年間、日々の出来事や思いを綴り続けた。外を自由に歩くことのできないアンネの心を支えた日記は、「隠れ家」

の住人では唯一人戦後まで生き延びた父オットー・フランクによって一九四七年出版され、以来ずっと世界中で読まれてきた。

この『アンネの日記』に触発されてここ数年新しい作品が次々生み出されてきた。中でも私の心を捉えたのは、小説『隠れ家』（岩崎書店）である。これはアンネとともに「隠れ家」に暮らした少年ペーターの視点で語り直されたものだ。

なぜ、創作者たちはアンネの物語を想像し直し、創造し直そうとしたのだろう。

一つはもちろん、ホロコースト（ユダヤ人大量虐殺）の歴史を風化させないように、物語を語り継ぐ必要を感じたからだろう。

しかし、もっと大きな理由はアンネが信じた「言葉の力」そのものを伝える物語を紡ぎ出したかったからではないか。

大震災のあとで、文学に何ができるのか悩んだ、といった言葉が当の文学者から発せられるのをたくさん読んだが、かりそめにもそんなことは書いてほしくなかった。

作品中、ペーターの幻想でアンネが言うように、人間は「言葉をひとつ置いて、そのあとにもうひとつ言葉を置いて、言葉と一緒に歩いていくしかない」存在なのだから。

Ⅲ

2013年－2020年

さらばよ留《と》まる

東京目黒の能楽堂の前にワンボックスカーのタクシーが停まって、中から和服を召した年配の方々が一人、また一人、とゆっくり降り立った。

彼らを追い越しながら、聞こえてきた話の内容から、この日の能の初番「景清《かげきよ》」を演じられる狩野《かの》琇鵬《しゅうほう》※先生のお弟子さんたちであることが知れた。琇鵬先生は熊本在住。お弟子さんたちも先生の舞台をご覧になるため、熊本から上京されたのだろう。

初番は琇鵬先生のシテ景清に、息子さんである了一《りょういち》※先生のシテツレ、人丸《ひとまる》。了一先生は早くから東京の宗家で内弟子として修業を積まれた。能楽批評紙に「精鋭《せいえい》揃いの喜多流若手能楽師」といつか書かれてあったが、先生は精鋭中の精鋭と聞いている。

ワキは人間国宝の宝生閑《ほうしょうかん》※先生、地謡の中心、地頭《ぢがしら》に人間国宝友枝昭世先生だ。お囃子方にも大きな曲をなさるにふさわしい方々を配してあり、この日の公演がいつもの例会とは異なるものと思われ、期待も自然膨らむのだった。

能が始まった。まず、引き廻しという布をかけた藁屋《わらや》の作り物が後見《こうけん》によって舞台の中央に運び込まれた。平家の侍、「悪七兵衛《あくしちびょうえ》景清」の今の住処《すみか》である。

景清は源氏に囚われ日向の国宮崎に流された。盲目となって暮らしていたある日、鎌倉に住む娘人丸が父を尋ねてくる。

「松門《しょうもん》独り閉じて」、と藁屋の作り物の中からシテが謡う。「松門の謡」と言われるもので、よろいの節糸が古くなってぶつぶつ切れるように、強く、しかし、もろく謡う独特の謡で、口伝となっているそうだ。喜多流十四世宗家の『六平太芸談』には「聞こえるも可、聞こえぬも可。謡いどころではあるが、決して聴かせどころではない」と書かれてある謡である。それは誰かに伝えるというより自分に言い聞かせる言葉、自分がかみしめる言葉だということだろうか。

琇鵬先生の「松門の謡」は、肉体は衰えながらも、忘れようとしても忘れられない武者としての矜持《きょうじ》がにじんだ品格あるものだった。それは武ばった気骨を表すものとも憔悴した今の境遇を強調するものとも違って、穏やかな琇鵬先生の外見にも通じる優しさ、悲しさが漂っていた。

尋ねられた景清はわが子の訪れと気が付いても、今の自分を恥じてわざとやり過ごしてしまう。そこへ、ワキの里人が登場し、先ほどの者が父景清であると告げ、娘人丸に同情し親子の仲を取り持とうとする。

里人の引き合わせに一度は激怒する景清だったが、やがて親子の再会を果たす。人丸は「花の姿」。自分は「麒麟《きりん》も老いぬれば駑馬《どば》に劣るが如くなり」。景清の心持ちで地謡が謡う。

客席のあちこちで人々が涙している。ふいにこれは琇鵬先生の最後の能ではないのか、という思いがよぎった。「花の姿」の了一先生に能のこと、流儀の務めはすべて継承し、琇鵬先生は別の場所に去って行かれるおつもりではないのか。弟子たちの涙は「景清」の一曲に大先生と若先生を重ねてのことではないのか。

能「景清」は見る者それぞれが、自分や自分の親が抱える老いを問わずにはいられない曲だ。私もまた、景清に、老いてただ二人故郷で暮らす両親を重ね、もはや若いとは言えないが自分を、自分たちきょうだいを、人丸に重ねていた。

くも膜下出血を起こして母が入院し、父が留守宅で一人暮らす生活も長くなっていた。
母が病院を退いたあと、両親の生活をどのようにしていったらよいのか。次に倒れ頭を打てば、今度は母の命はないかもしれない。兄も弟も「サービス付き高齢者向け住宅」に両親揃って入ることを提案、速やかに予約までしたが、父は自分に関しては入居を受け入れられずにいた。母についてもヘルパーさんに頼れば自宅で元の生活ができるものと期待を持ち続けていた。
もっともっと、大きく大きくと父は事業を拡大して、自宅も広々と建てた。それなのに終《つい》の棲《すみ》家《か》が六畳ほどの部屋一室とは。施設に入らなければならないだろうか、と尋ねる父に私は「子どもが三人もいて、一人も近くに住めなくてごめんね」と言うしかなかった。すると、父は急に気丈に「それぞれ望まれた場所におるのやから、謝らんでいいよ」と言うのだった。

此の世はとても幾程の命のつらさ末近し。

能「景清」もいよいよクライマックスだ。

さらばよ留まる。

景清が自分はここに留まると謡い、「行くぞとの」と人丸を鎌倉へ帰れとその肩をぐっと押した。客席の人々がハンカチを目にあてる。
景清が、琇鵬先生が、私の両親が、人丸を、了一先生を、私たちきょうだいを、光の方へ、若い力のみなぎる方へ、生の方へぐっと押してくれていた。
「これぞ親子の形見なる」というただ一声を残して。

注…【狩野琇鵬】能楽シテ方喜多流職分。一九三七年熊本県生まれ。二〇一六年没す。フランスのエクス・アン・プロヴァンス市へ寄贈した能舞台での公演など海外公演も積極的に行った。フランスからはレジオンドヌール勲章シュヴァリエ「フランス芸術文化勲章『オフィシエ（将校）』」を授与されている。【狩野了一】能楽シテ方喜多流職分。一九六七年熊本県生まれ。狩野琇鵬師の長男。【宝生閑】能楽下掛宝生流ワキ方。一九三四年東京生まれ、二〇一六年没す。一九九四年重要無形文化財保持者各個指定（人間国宝）に認定される。

景清《かげきよ》 あらすじ

秋、日向国宮崎（今の宮崎県）。
源氏によって、日向に流された平家の武将悪七兵衛景清を娘人丸がはるばる鎌倉から訪ねて来る。盲目となった景清は人丸に今のみじめな有様や屋島の合戦の様子を語る。もはやいくばくもない余命を知っている景清は自分の亡き後を弔うよう言い含めて人丸を帰そうとする。「さらば」の一言で父娘は立ち別れたが、これが二人にとって形見となったのだった。

景清　狩野琇鵬師・狩野了一師所演

入格破格《にゅうかくはかく》

東京のデパートで開かれている「龍村平蔵『時』を織る」と題された織物の展覧会を見てきた。

和服を着る機会のある者にとって、「龍村美術織物」の帯は憧れである。意匠、技術、品質、どれをとっても素晴らしく、そのために価格もちょっと「素晴らしい」。そこがなおさら憧れを生む。

今回は創業百二十年を記念して、各時代の帯や打掛、陣羽織、正倉院や法隆寺に伝わる古代裂《きれ》の復元、祇園祭の山鉾に掛けられる懸装品《けんそうひん》の復元など代表作の数々が展示されていた。

初代平蔵が「織物は数学である」という視点から次々と新しい組織を考案していった時代から、織物をしばしば建築に例える四代平蔵にいたるまで、そこに使われている技法のひとつひとつはわからないまでも独特の陰影を湛えた「立体的な」織物は見事という言葉に尽きた。

作品の素晴らしさはもちろんだが、各代の平蔵が織物に向かう姿勢、表現された言葉にも感銘を受けた。

たとえば、三代平蔵が言う「入格破格《にゅうかくはかく》」という言葉だ。

古代の、すでに高度な発達を遂げた織物の復元を通して様式としての「格」を学んだら、自らそれを打ち破る「破格」の信念が必要だというのだ。

しっかりとした「格」を持っているからこそ、「格」を破っても卑しくも野放図にもならない。

これは織物だけではなく、美術、芸術において、さらには生きる上で誰に取っても大切なことではないだろうか。

「格」に入って、「格」を破る。

かくありたい、と思って会場をあとにした。

花子とアン

来春スタートする朝の連続テレビ小説に『赤毛のアン』の翻訳者として知られる村岡花子の半生を描く『花子とアン』が決まったそうだ。

今年は花子が生まれて百二十年。お孫さんの恵理さんが責任編集した『村岡花子と赤毛のアンの世界』やルーシー・モンゴメリの『赤毛のアン　スクラップブック』（どちらも河出書房新社）など『花子とアン』関連本が多数出版されている。

これらの本を読んで、「家庭文学」「少女小説」というカテゴリーで捉えられる『赤毛のアン』の深さに今さらながら驚いていたところだった。

村岡花子は若いころ、日本には家族が一緒になって楽しむのに適した本がないということを憂えた。そこで日本の少女たちが社会的意識を持ち、精神的に自立した女性へと成長するのを後押しするような上質の家庭文学を翻訳しようと決心した。

大きな夢に邁進《まいしん》するとか、社会的に意義のある仕事をするとかいうことばかりではなくて、日々を丁寧に生きること、生活の中のちょっとしたことを愛でることがどれだけ人を安定させ、明るい方向へ向かわせるか。

『赤毛のアン』とそのシリーズは、十代の少女たちの心と身体にそうしたことが自然としみ込んでくる本だ。

モンゴメリにとっても、村岡花子にとっても、自分自身の才能をこの社会の中でどう生かし、どう折り合いを付けていくかが生涯の課題だった。

自分の才能と家庭の幸福とを一致させたアンにモンゴメリと花子が託した思いは強く、また切ない。

それはいまだに、多くの女性の課題であり続けている。

アンのスクラップブック

十九世紀後半から二十世紀初めにかけて、英語圏の女性の間で、スクラップブック作りが流行したという。

雑誌や新聞から気に入りの詩、絵、写真、知人が書いた記事や絵葉書、押し花、ドレスの残り生地、何でも好きなものを切り抜いて貼り付けた。

一人で眺めてもよし。お客さまに見せて思い出を共有するというもてなし方もあったという。

『赤毛のアン』の作者ルーシー・モンゴメリもスクラップブック作りに魅せられた女性の一人だったようだ。自分の書いた文章をスクラップしたものと、雑誌から絵や写真、琴線に触れた詩などを切り抜いたものと二種類のスクラップブックをそれぞれ多数作っている。

このほど『赤毛のアン　スクラップブック』（河出書房新社）が編まれた。モンゴメリが熱心に貼ったものは、私の見るところでは四種類。花の絵、ファッション画、リボン、詩である。

これは彼女が作り出した主人公アンの関心とぴったり重なる。きれいな花を愛でたい。素敵な洋服で身を飾りたい。リボンのようなかわいいもので心を浮き立たせたい。

だが、それだけではモンゴメリはモンゴメリに、アンはアンになれなかった。

詩、文学、読むこと、書くこと、想像し創造することが彼女たちにはなくてはならないものだった。しかし、また同時に詩や文学だけでも彼女たちは彼女たちらしくいられなかっただろう。日々の生活に美しさを見いだして、その喜びと発見によって、自分も環境をも変えていった。スクラップブックはそれをはっきりと伝えている。

生きるとは

日本画家の長男・博さん、作曲家の次男・明さん、バイオリニストの長女・真理子さんの千住三兄妹の母・文子さんが先頃亡くなられた。

文子さんと真理子さんの『命の往復書簡』（文藝春秋）が出版され読んだばかりだった。本の中で、文子さんのがんが見つかって、三兄妹が意見を交わしあい、文子さんの命を長らえさせる方向で努力することに決めた、その経緯などがまず綴られていた。

専門の違う二人の医師に同時に二か所のがん手術をしてもらい、元気になられた文子さんのことを知っていたから、その逝去の報には少し驚いた。それと同時に特別な医療を施されようと、そうではなかろうと、人には平等に死が訪れるのだな、と当たり前ながら思ったのだった。

東日本大震災後の被災地での演奏会などの合間を縫って、文子さんの病室に通いながら、生きるということや芸術について真理子さんは自分の考えを母への手紙にしたためる。文子さんも子育てや親の看病、介護などこれまでのすべての経験から得た人生観でこれに応える。

ある日の、体力を消耗した状態での真理子さんの演奏を、無傷に流れる演奏よりも、音符こそよたよたに乱れていたが、あなたの本質が強い意志を持って語り続けていて感動した、と伝える手紙。

芸術力とは内的修養をすること、いかに生きるかにかかっている、と文子さんは書き、真理子さんも同意する。

芸術力という言葉をそれぞれ自分の仕事に置き換えれば誰にもあてはまることであろう。

四海波《しかいなみ》

一緒に謡と仕舞を習っている会の先輩が卒寿を迎えられて、お祝いの会を催した。いつもの稽古場である公民館にお寿司を取り、皆がケーキや漬物などを持ち寄ってささやかでもあたたかな会が始まった。

初めに皆で謡曲「高砂」から「四海波」を謡って寿いだ。

当祝者の先輩が「『四海波』を子どものころから何百回と謡ってきたけれど、もうじきお迎えがくるような年になってやっとこの曲がわかったように思う」とおっしゃる。

「幸せとは何か、何が大切か、この曲にみんな書いてあった。四海波が静かで、国が治まって。本当にそうだった」と大震災を念頭に置いた言葉が続く。

また、九十年を振り返って最も苦しかったことは戦争と水害だったとし、水害は自然災害で誰を恨むわけにもいかないが、戦争は人が行ったことで防げたかもしれない、ともおっしゃった。

次はカセットテープの音楽に合わせて、先輩の好きな歌の合唱だ。新年会でも花見でも、最後にはいつも必ず軍歌が飛び出す。戦争賛美ではない。私たちには灰色としか思えない戦争の時代でも、先輩にとってみれば、若く輝かしい時代。その思い出の歌が軍歌だということだ。

戦争の時代でも人は生き、泣くだけではなく、笑ったり、歌ったり、恋したりしたのだろう。空も海も青くてきれいで、人は見とれたりしたのだろう。

宮崎駿監督の新作アニメ映画『風立ちぬ』が公開された。戦争の時代でも、どんな時代でも、人は一生懸命生きる、と伝える映画だという。

賢治とモリス

岩手県公会堂の一室が、ウィリアム・モリスデザインの壁紙でリフォームされた。修繕されたその部屋を会場に、イギリスの思想家であり、詩人、デザイナーであるW・モリスと今年没後八十年の宮沢賢治の思想的な共通点や、賢治と公会堂との関わりについての講演を先ごろ聞いた。

まず、賢治の公会堂への関心としては、公会堂を建設する際に、花巻農学校で生徒たちに財源をどうするか討論させていたくらい興味を持っていたようだ。

モリスと賢治の関わりとしては、近代文明が生んだ大量生産、大量消費を批判し、手仕事の価値や労働の喜びを見直す「アーツ&クラフツ運動」を主導したモリスの思想が賢治に大きな影響を及ぼした、と講師の東北大学名誉教授、大内秀明さんはみる。

賢治は『農民芸術概論綱要』に、今農民にはただ労働が、存在があるのみだが、「芸術をもてあの灰色の労働を燃やせ」と記し、モリスの言葉「芸術は労働における人間の喜びの表現である」と英文でメモ書きもしていたそうだ。

ただ働くのではなく、労働の傍ら自然の美しさを感じたり、生活の中に自然からもらったものやちょっとした美しいものを据え、芸術を楽しみ、美しく暮らすことをモリスも賢治も一生をかけて追及した。

賢治が私塾「羅須地人協会」で行いたかったことは、楽しく美しい労働の実現だったのではないか。

忙しい現代、多くの人々にあるのもただただ労働と疲労だ。働き方、生き方の見直しは、彼ら二人から今もなお問われ続けているといえよう。

義務と美しさと

先週末、キャロライン・ケネディ駐日米国大使が着任された。

彼女の就任については、オバマ大統領の日米関係重視の象徴であるとか、政治的に未知数で不安であるとか、メディアではさまざま語られてきた。

私は彼女が日本で大使を務められるのは素敵なこと、きっと目覚ましい仕事をされるだろうと期待する。

彼女は、父が大統領に選ばれるという栄光を体験する一方で、父や叔父が暗殺されたり、弟が事故死するなど辛く悲しい経験もし、その都度一家そろってたくましく前向きに乗り越えてきた。彼女の内には深い人生哲学が構築されているに違いない。そのような人が語る言葉、行動は誠実で、説得力があるだろう。

祖母ローズさんの著書『わが子ケネディ』（徳間文庫）の最後に「私は孫たちが、人生の時間が短く、あらゆる日も、あらゆる時間も貴重であることを理解するよう望む。生きている間、その義務と美しさにおいて、完璧に生きることを希望する」と書いている。

故ケネディ大統領の死後、孫たちをメディアにさらされないようずっと守り、またいわゆるセレブの生活ではなく、普通の生活をするようローズさんが導いたとも聞いている。

仕事の際、キャロラインさんは地下鉄を利用していたそうだし、美顔や整形といったことにも無関心だったようだ。短い人生で行うには美容は優先順位が低かったのだろう。しかし、堂々と迫力あるしわにより、彼女は完璧に美しい。

継ぐ

二年前の年の暮れ。たまたまつけたテレビの画面が、アップル社の元ＣＥＯ故スティーブ・ジョブズ氏を映し出していた。ちょうど「自分は文字や数字を発明した先人に感謝している。それなしでは現在の自分の仕事はなかっただろう」と言っているところだった。

マッキントッシュやｉｐｏｄ、ｉｐｈｏｎｅなどで、コンピュータ、音楽再生装置、スマートフォンのそれぞれを再定義し、今の世を一気に飛躍させた人、一時代を画する仕事をし、大きな自負も当然持っているであろう人が先人への感謝の言葉を述べている。その謙虚さに驚き感動したものだった。

こんなことを思い出したのも、先ごろ、人の大切な仕事は「継ぐ」ことと思わせてくれる講演を聞いたからだ。

一関文化会議所の研修会で、講師の喜多流能楽師、佐々木多門師が一関地方の文化について、能楽を切り口にして話された。

能楽の起こりから現在、伝統芸能が抱える深刻な問題点、すなわち伝統芸能に親しむ層の薄さとそれによって次の世代に受け継がれなくなるものへの危惧まで広く話された。

その中で、かつて狂言師の野村萬斎さんに佐々木師が「君は中尊寺の能舞台のために生まれてきたんだね」と言われたエピソードを紹介された。当時は「違う、僕はもっと広い別の場所でもたくさん演じるんだ」と反発も感じたが、今は中尊寺の舞台を守るために生まれてきたと感じている、と打ち明けられた。

先人が守り伝えてきたものに感謝し、受け継ぎ、次の世代に伝えていく。受け継ぎ伝えるものは人それぞれであっても、人間の大切な仕事はそれに尽きるのではないか。親が老い、子を育てている途上で、私もまたそう実感している。

底辺と奥行き

歌舞伎役者の市川海老蔵さんと建築家の安藤忠雄さんが、雑誌で千利休の生き方をはじめ日本文化について語り合う中で「底辺と奥行き」について触れていた。

「底辺を広げるとなかなか奥行きが出ない。奥行きを広げるとなかなか底辺が広がらない」という両者に共通の悩みである。

歌舞伎という古典芸能を深めて観客に見せたいとは思うが、それでは底辺、つまり観客層が広がらない。力士がカレーを作ってもちゃんこになるというように、古典をわかってくれる観客を増やすために、時には「カレー」も出して行かなければならないのではないか、と海老蔵さんは語る。

歌舞伎座は昨年四月に新開場して連日満員。文楽の観客動員数の減少や能楽の愛好者人口の減少など他の伝統芸能に比べて歌舞伎は何の心配もないのかと思っていたら、違うようだ。

今月県民会館で催される「市川海老蔵　古典への誘い」は歌舞伎の「連獅子」とその元である能の「石橋」の両方を一度に見られる公演。これも伝統芸能理解の底辺を広げる試みのひとつだろう。

単純に人口の多い時は、広い「底辺」の中に深い「奥行き」を持った人々もまたたくさんおり、芸能、芸術がその担い手の心のまま「奥行き」を深めていっても、それに付いて行ける観客も相当数いたと思われる。

日本はその美意識、文化によってこそ、世界の中で特別な位置を占められる。

気が付いたら、自然と日本文化の体現者であった、というような教育と日々の生活を取り戻す時ではないだろうか。

気持ちを込めずに

このところテレビを見たり本を読んでいて、偶然同じようなことを言う人に出くわして驚くことがあった。

それは「気持ちを込めずに」という言葉だ。

SMAPの草彅剛さんの出演するドラマが好評だったが、彼は台本のうち自分のセリフしか覚えないと話していた。怒る芝居をしても、それがいったい何に怒っているのかわからず撮影されていることもあるそうだ。

テレビでも映画でも物語の順には撮影しないからで、しかし、編集したものを見てみるとかえって良かったりする、と言っていた。それはなぜだろう。

昨年亡くなった米倉斉加年《まさかね》さんが、三木のり平さんの演出で商業演劇に出る時、役を掘り下げないで、と言われた話を劇評家が追悼文の中で書いていた。

漫画家高野文子さんが『ドミトリーともきんす』（中央公論新社）のあとがきで、「絵を、気持ちを込めずに描くけいこをしました」と書いていた。

この漫画はノーベル物理学賞を受賞した湯川秀樹博士や朝永振一郎博士ら科学者の書いた本の読書案内である。これらの本の読後は乾いて涼しい風が吹いてくると感じるそうだ。

日頃彼女が漫画を描くときはまず、自分の気持ちが一番にあるという。しかし、今回、気持ちを込めずに描くことで漫画に涼しい風を吹かせられるのでは、と考えたそうだ。

自分のことから離れる。自分を入れないでみる。作品が私的な感懐を超えて、大きく深い魅力に満ちたものになっていく一つの方法であるのかもしれない。

女性のままで

朝のＮＨＫ連続テレビ小説『花子とアン』が始まった。

このドラマは『赤毛のアン』の翻訳者、村岡花子の生涯を描くものだ。ドラマの筋は『赤毛のアン』の内容からエピソードをもらった部分もあり、事実そのままの評伝とは違っている。

しかし、おそらくこの後の内容は、彼女が本を通して自分の才能を開花させ、英語を理解し、通じ合える世界を広げていくものとなるだろう。

さらに、日本の少女たちが本を通して社会的意識を持ち、精神的に自立した女性へと成長していくことを願った仕事に触れていくだろう。

村岡花子は「純文芸」が形而上的にすぎ、日本の思春期の読み物が貧困であることを憂え、『赤毛のアン』のような「無邪気でほがらかな、小さき物語を、日本の少女たちに敢《あえ》て届けたかった」ようだ。

読み返して見ると、『赤毛のアン』が、女性が女性の特質そのままを受け入れられ、自身の才能と家庭の幸福を一致させていく物語そのものであったことに気付かされる。

そもそものはじめ、力仕事のできる男の子を求めるマシューとマリラの家に、間違えてアンがやってくる。アンが彼らに受け入れられたのは男の子なみの馬力で働ける子だったからではない。想像力や面白いおしゃべり、おしゃれ心、賢さ。女の子の存在ゆえに、彼らの日々が華やいでいき、アンは彼らにありのまま受け入れられていく。

女性が女性の特質そのまま社会で受け入れられるよう願った花子とアンの作者モンゴメリ。その社会は到来しているだろうか。

新しい方舟《はこぶね》

十一月初め、仙台市で九日間の日程で開かれていた「ルツェルン・フェスティバル　アーク・ノヴァ」というイベントで能「鶴」を見てきた。

スイスの国際音楽祭であるルツェルン・フェスティバルの呼びかけで東日本大震災の直後始動した震災復興のプロジェクト。昨年は松島で行われ今回が二回目だ。

旧約聖書に登場する「ノアの方舟」。大洪水の際、家族や動物たちを乗せて難を逃れた伝説にちなんで、このプロジェクトを東日本大震災からの文化・精神面の再生の手助けとなるよう、「新しい方舟」＝ＡＲＫＮＯＶＡ《アークノヴァ》と名付けたそうだ。

このアーク・ノヴァ、小豆色のゴムを空気で楕円《だえん》形に膨らませてあり、公演が終わればしぼませて保管する。

写真によると、上部にはへそのようなくぼみがある。中は温かみのある赤色で、へその緒のようなものがドーム型の天井から壁の方に向かって伸びている。方舟というより母の胎内をイメージしたのではないかと思うがどうだろう。

主催者は言う。民俗学者の折口信夫が表した、異邦からの客人が信仰や祭事をもたらし社会を活性化させてきた「まれびと（客人）」という概念のように、アーク・ノヴァも「まれびと」として被災各地を巡り、芸術を届け活性化させたい、と。広くて安全な場所があれば岩手県にもこの方舟を「曳航《えい》」し「まれびと」を迎えることができるのではないか。

さて、新しい方舟に乗せられた一羽の「鶴」の謡。普段の能舞台よりさらに響いて、実際の筋から離れて終始祈りのように荘厳に聞こえた。

鶴《つる》　あらすじ

土岐善麿作の新作能。作曲作舞は喜多実第十五世喜多流宗家。喜多流では現行曲に近い扱いで繰り返し上演されている。

冬、紀伊国和歌の浦（今の和歌山県）。

都から来た旅の男が和歌の浦に着き、古歌を口ずさむとその歌を繰り返しつつ里の女が現れ、山部赤人が「和歌の浦に潮満ちくれば潟をなみ芦辺をさして鶴《たづ》なきわたる」と詠んだいわれを語る。やがて女は丹頂鶴に姿を変え、舞い、やがて飛び去っていった。

鶴　佐々木多門師所演

自信

テニスの全豪オープン。錦織圭選手は男子シングルス準々決勝で残念ながら敗退してしまったが、落ち着いた戦いぶりとインタビューの受け答えはさすが世界のトップアスリートのものだった。

謙虚な態度のうちにも、準備や努力に裏打ちされた自信がにじみ出て、見ているこちらまで誇らしかった。

昨年半年間放送されていた朝の連続テレビ小説『花子とアン』のモデルで『赤毛のアン』の翻訳者村岡花子さんのエッセイ「美しい心の生活」を思い出す。

「注意深い準備がなされ、絶えざる努力への決意があり、その仕事への深い愛情があるところからは希望は必ず生れます」と村岡さん。「私たちは自分の仕事の成功に対してももっと確信を持っていいはず」であり、「自分のゆくての幸福を信じて祝う気持ちが欲しい」と書く。

そして、「自信を持つことは傲慢とは違います」と言い切っている。錦織選手の、傲慢では決してない自信は、すべての準備をし、努力を重ね、テニスへの深い愛情から生まれているものなのだろう。

村岡花子さんは「ほかの人の仕事はむやみに感心するのですが、自分の仕事だけには妙に悲観するのは、自分に対しての不合理ではないでしょうか」とも書いている。

人の活躍、努力は、感心するだけではなく、自分自身を省みる機会としたいものだ。彼我を比べて自分に足りないところを謙虚に受け止め、努力の原動力にするのは大切だ。しかし、自分もここまではやれている、と自信を持つことも大切ではないだろうか。

モノは語る

上野の東京都美術館で「大英博物館展」を見てきた。世界の歴史を紐解くための100のモノが展示されていた。

人間は生きる過程で問題に直面する。その問題を解決するために、必要な「物」を作り前に進んできた。

例えば博物館最古のコレクションのひとつ、二百万年前の礫石器は、これを使って動物の死骸をさばき、栄養価の高い骨髄中の脂肪を取り出し、人間の脳を大きく複雑に発達させた。

紀元前五千年から前三千六百年頃のヒスイ製の斧は美しく磨かれていて、儀式用であった可能性は高いとしても、道具に機能だけではなく美をも欲したことを伝える。

斧で森を切り開き定住できるようになる。すると集団で暮らす人間を管理運営するための筆記道具が生まれる。やがてそれはただ記録するだけではなく、もっと創造的に使われ文学作品も生まれる。

大都市が建設されると外の世界に目を向ける者が出てくる。都市や国家が膨張し、争いが起こる。兵士のレリーフや強い為政者の像からそれが読み取れる。

生きる不安、死の不安を乗り越えるための信仰や儀式のための像が作られる。棺や副葬品からは死者への祈り、復活や死後の平安を願う心がうかがわれる。

彼らが直面した、食、共同体の維持、心の安定、信仰などの問題は現代の私たちが立ち向かっている難題そのものだ。しかし、彼らが知恵と作り出した「物」で乗り越えてきたように、解決を導き出すことができるのではないか。希望を感じさせる展覧会であった。

邯鄲《かんたん》の宿《やど》

旅とは魂のふわふわした人間がするもので、自分のように地に足が付いた者はまったくその必要を感じない。

この春亡くなった父は、生前、あちこち旅行に生きたがる母や私に、冗談口調ではあるが、そう言っていた。こんな立派な家があるのにまだ他にどこへ行こうというのか、と。

仕事関係の招待旅行や社員旅行、親睦クラブのメンバーとの旅行で、日本でも外国でもいろんなところに行っているからあんなことを言えるのだ、と母は父の「旅好き＝浮ついた魂の持ち主」説はまったく説得力がない、と相手にしていなかった。母は母で、自分のように向学心に富んだ人間はさまざまな文物に触れたいから旅行に行くので、むしろ魂が定まっている、と思っていた節がある。しかし、父があまり出歩きたがらないのでかなり遠慮しながら、旅行を計画、実行していた。

私はといえば、父の説には十分頷けた。魂がふわふわしているから、私はどこかへ行きたいのだった。ここではないどこかに自分がしっくりとくる場所があるのではないか。行った先で何かに出会い、何か大切なものを得られるのではないか。そこで魂に重みが加わるような体験ができるのではないか。父と家計を異にしてからの私は、遠慮することなく旅に出かけた。

思えば父も若い時には生まれ育った土地を離れ、自分が今より成長できる場所を求めたのではなかったか。

長男は家を継ぐのだから大学へ行く必要はない、と祖父母に進学を反対された父は一計を案じた。ひと月の仕送りは半分で良い、だから東京の大学に行かせてほしい。しかし、その代わり、四年分まとめてほしい、と。

まとまったお金を手に上京した父は、それで東京の大井町に一軒の家を建て、下宿屋を開く。その収入で大学に通うことにしたのである。土地は元は伊藤博文の愛妾の持ち物で、その頃は孫が所有していたという。立派な家の玄関で、平家物語の武者よろしく、大音声で若き父は名乗りを上げた。

「富山県下新川郡下野方村……何の何某ですっ。土地をお借りしたく参りましたっ」

住所を番地まで律儀に言ったのち名を名乗ったやり方と、大きな声と態度が気に入られ、父は初代内閣総理大臣の末裔の土地に無事小さな家を建てたのだった。

東京で建てた家は、父の心を生涯に渡って支えたようだ。その家は父が東京を離れ故郷に戻って起業した時に売り払っていたが、私たち子どもが大学に通っていた頃もその後も長い間存在していたらしい。仕事上の困難に直面した時に父は上京しその家を見に行ったものだ、と打ち明けてくれたことがあった。

十九や二十歳の若造だってこんな家を建てられたのだから、今の自分はもっと頑張れるはず、とその都度心を奮い立たせたのだ、と父は言った。

能「邯鄲」は、人生いかに生くべきかに悩む青年蘆生《ろせい》が道を求めて遠く迷路を辿る姿としてまず現れる。邯鄲の里に旅宿して未来のすべてを夢に見ることのできる仙人の枕に臥す。すると、たちまち勅使に迎えられて王位につく蘆生。たくさんの臣下たちにかしずかれ、夜昼とない歓楽の日々が繰り返される。
しかし、夢は覚める。
宮殿楼閣は、唯邯鄲の仮の宿。
五十年の栄華と見たものは、宿の女主人が粟の飯を炊き上げるまでのほんの「一炊の夢」だったと蘆生は悟るのだ。
つらつら人間の有様を案ずるに、百年の歓楽も命終われば夢ぞかし。

蘆生は迷いの境地を抜け出て、それからどうしただろう。出家し、物も持たず、家も持たず、家族も持たない人生を選んだだろうか。

能の解説本は、邯鄲の主題を「一睡の間に人の世のあらゆる栄華と歓楽を経験し、いかなる栄華もむなしいことを知る」と記す。

普通の人間である私は、仙人のように世俗を離れて生きることは考えられない。

一生懸命生きようとそうでなかろうと、長く生きようと短かろうと、いずれにしても人間がこの世にいられる時間はほんの一瞬、夢の間だ。しかし、夢だからこそ、なお良く生きたいと人は思うのではないか。一曲の最後、キリの謡い方を喜多流の本は「光明に満たされ、歓喜にあふれて勇み立ちぐんぐんはずみ運ぶ」と指南する。

自分の誇りのため、家族の幸福のために一生懸命働いて、最後に建てた家は父の生きた証のごとく、庭の石にも柱や床の材質にもこだわって作られた、父の宮殿楼閣である。「勇み立ちぐんぐんはずみ」ながら前へ前へと進み、辿り着いた場所である。

父の死亡通知を提出するより先に、父が最後に住んだ高齢者住宅から元の家に住所変更をした。だから、父は父の家からあの世に旅立った。

邯鄲
佐々木多門師所演

真《しん》我《が》を知《し》れ

ＮＨＫ朝の連続テレビ小説『あさが来た』が始まった。主人公あさは明治の女性実業家広岡浅子がモデルだそうだ。

広岡浅子は幕末、京都の豪商三井家に生まれ、やがて大阪の両替商加島屋に嫁ぎ、明治へと移り変わる時代の変わり目に婚家の危機脱却に奔走した人だ。

先を見る目があり、日本に鉄道が敷設されるや、汽車の普及に燃料の石炭は欠かせない、と炭鉱事業を始める。炭層探しに何度となく失敗しても七転び八起きの上を行く「九転十起」を座右の銘に奮闘したという。

彼女は読書好き、学問好きだったが、商家の女子に学問は不要と家人に読書を禁じられて育った。その時感じた理不尽さから、社会的に不遇な女性のためになることをしたい、という気持ちの強い人であった。

女子高等教育のパイオニア成瀬仁蔵の考えに共鳴して、現在の日本女子大学の設立に協力したり、一家の大黒柱が亡くなったとき、後に残された家族が安心して暮らせるようにと生命保険事業の経営を決断したりする。

女性が表舞台に出ることのなかった時代に果敢に行動し、生涯を通じて女性の社会的地位の向上に努めた魅力的な女性だ。実業界を引退して後は、新聞、雑誌に文章を発表した。

「わが国の女性の地位が低いというが、これは低いのではなく実力が足りないのだ。実力を養うには知識が必要だが、それよりまず根本の精神、すなわち真我（本当の自分）を自覚せねばならない」

現代の私たちにも向けられている言葉だ。

最初のペンギン

NHK朝のテレビ小説『あさが来た』が好調のようだ。

登場人物がまずみんな魅力的だ。展開が早く、敵はいつまでも敵ではなく、不遇の人もいつまでも不遇のままではない。事態が早々好転し視聴者を安心させてくれる。その展開が登場人物の人柄や努力、運によるものだと、きちんと納得させてくれる素晴らしい脚本と演技である。

先日は、波瑠さん演じる主人公あさをディーン・フジオカさん演じる五代友厚《ごだいともあつ》が「ファーストペンギン」と称賛し、励ます場面が放送された。

「ファーストペンギン」とはそもそも集団の中で最初に海に飛び込み安全性を証明する勇気あるペンギンのことだ。新しいことに挑戦すれば、大きな危険が待っているかもしれないが、多大なる利益を手にできる可能性は増える。ビジネスの世界で「先行者利益」について語る時に使われる言葉だ。

あさについては、ビジネスに限らず女性の生き方としても、従来の考えにとらわれない、柔軟な生き方をする点で「ファーストペンギン」と言われているようだ。

このドラマではあさだけではなく、登場人物が哲学で言うところの「生成変化」をしているのが頼もしく見ていて気持ちが良い。

それまでとは異なる状況になったら自分の方で変化していくのである。たとえば、宮崎あおいさんが演じるあさの姉はつは嫁ぎ先が破産しても、そこでいつまでも悲嘆にくれていないで、新しい幸福を得ようとする。

「生成変化」する者を励ましてくれるドラマ。これからも楽しみにしている。

蘇《よみが》える者　蘇《よみが》えらぬ者

映画『レヴェナント：蘇えりし者』を見た。

レオナルド・ディカプリオ※がこの映画で二〇一六年のアカデミー賞の主演男優賞を受賞し、これまで演じた中で一番過酷な役であったとコメントしていたから興味が沸き、公開を待っていた。

映画は、十九世紀初め、アメリカの未開拓地を進む毛皮猟の一団をガイドする主人公がクマに襲われ、体中鋭い爪でえぐられるところから始まる。

深手を負い、すぐにも死んでしまうと思われた彼に、看取りの者として主人公の息子とハンター二人が残される。どうせ死ぬのだから今ひと思いに殺してしまおうとする冷酷なハンターに抵抗した息子が、動けない主人公の目の前で殺される。

息子への愛と殺した男への復讐心から、主人公は驚異の生命力を発揮し出す。身近な動物の死骸から栄養のある骨髄を指でほじくって食べる。歩けるようになれば、川で魚を捕まえて生のまがぶりと食らいつく。その都度、血や内臓がありのまま描写される。

主人公が瀕《ひん》死状態であったのに蘇えり、男を追いかけ復讐を果たす、というのが映画の主な筋である。ところがこの物語は復讐から遠いところで進む。血なまぐさく、筋の進行も遅い。

これは好みではなかったな、と途中何度か鑑賞を後悔した。しかし、主人公が先住民族の男に薬草をもみ込んで傷を治してもらい心を通わせたり、雪山から落ちて死んだ馬の内臓を掻き出してその内部に入り込み極寒の一夜を凌いだりするあたりから、荒々しい力で心が引かれ出した。

この映画では復讐はさほど大事な筋ではないのではないか。これは自然界のさまざまな他の命をもらってその都度生き返っていく人間、原題通り「蘇えりし者」の物語なのだ。

最初に戦ったクマも、仕留めた後、主人公はその毛皮を防寒のために身にまとった。生きるためには他の生き物の命を奪って、肉を食べたり、皮を羽織ったり、さまざまに利用する。つまり、何から何まで利用することこそが、獣の霊的な力を身に帯び、死んだ生き物の生をしっかりと引き受けることなのではないだろうか。

クマを殺せばクマの力を、死んだ馬に出会えば馬の力を、自分のものにする。アメリカ先住民族の名前が、クマやエルク（ヘラジカ）など生き物由来の名前であるのもその生き物の命を自分が引き継いでいく、その生と一体化するという意味があるのだろう。

アメリカ先住民族の女性と結婚し、彼らの考え方に共感を持つ主人公は、すでに精神はアメリカ先住民のそれである。自分が生きるためには他の生き物の命を奪わねばならない痛みや葛藤などあらかじめ乗り越えており、そもそも他の生き物との間に境界線も引いていないように見えた。

自然の中に自分たちの正しい居場所を見出していたアメリカ先住民たちにとっては、その日の食べ物として得た動物は「グレートスピリット（大いなる意思）」に従ったおかげであり、生き物を殺すことを、当たり前だとも思ってはいないだろうが、罪の意識とは違う境地にいるのではないかと想像できた。

同じ頃、能「烏頭《うとう》」を見た。

「烏頭」は世阿弥の作で、生前、烏頭という鳥の猟をしていたシテが、亡くなった後も殺生の罪によって苦しめられ、この世に現れて僧に回向を頼む、という筋である。

烏頭という鳥は、砂の中に産んだ子鳥に親鳥が「うとう」と呼び掛けると子は「やすかた」と言って這い出す。その習性を利用した阿漕な猟の仕方から、シテは亡霊になって妻子に会いに来ても、罪の報いで近づけない。

生きて行くためには、食べるためには、他の生き物を殺さねばならない。それを悲しいと思いながらもそうせずには生きていけない人間の罪の原点を、猟師の姿に託して描いた曲だ。その一方で、生前の殺生を思い返し、烏頭を捕る場面では目をらんらんと輝かせて猟への執念を見せる。

この曲が多くの能楽の中でも頻繁に演じられるのは、家族のために、また自分の拠り所として、精一杯働く姿が現代の働く者の姿に通じるからであろう。

『レヴェナント』と「烏頭」は作られた国も時代も、背景にある宗教観も異なる。テーマも違い、比較するようなものではない。

しかし、人間は自然の一部で、他の生き物を殺す度にその命を受け継ぎ、自分の体を生き返らせ、自分の体を通してその獣を蘇らせていく「蘇える者」アメリカ先住民の考え方は、現代人に必要な思想のように思われる。痛みを感じつつ謙虚に、しかし、自身を肯定しながら生きていくために。


注…【レオナルド・ディカプリオ】米国の俳優。一九七四年生まれ。一九九七年公開の『タイタニック』で一役スターに。二〇一五年『レヴェナント：蘇りし者』で悲願のアカデミー賞主演男優賞受賞。

翁《おきな》

年明けに「翁《おきな》」を観た。

「翁」は能にあって能にあらず。年の初めや祝賀の際に演じられ、他の曲とは別格に扱われているものだ。

一般の曲とは形式がまったく異なり、天下太平、国土安穏、五穀豊穣を祈るもので、芸能というより神事そのものだ。

「翁」には通常の演目とは異なる決まり事が数多くある。翁役の役者は公演の数日前から「水垢離《みずごり》」、精進潔斎《しょうじんけっさい》を行ったり、舞台当日の朝は「別火《べっか》」といって家族が煮炊きするのとは違う火を用いた食事をとる。

人にへつらう意味の「おべっかを使う」という言葉があるが、この別火からきているのではないだろうか。別の火を使って「神の憑代《よりしろ》」となる、すなわちその間、神となる。それが転じて、人と神とを分ける、神役を高みに上げる、媚びへつらうという意味で使われるようになったのではないだろうか。

「翁」の舞台に上がる人はみな、侍烏帽子《さむらいえぼし》に素袍裃《すおうかみしも》の第一礼装をしている。また、舞台上の所作、進行も独特である。翁を務めるシテは素顔で登場し、舞台上で面を掛け、「萬歳楽、萬歳楽」と謡が繰り返される中、務め終えると面を外して退場する。

本県のあちこちで地震の時に「マンジェラク、マンジェラク」と唱える習慣を持つ人がいるようだ。これは能になる前の、古い祈りの芸能の姿を著わす「翁」の謡《うたい》最終部分をそのままなぞっているのではないだろうか。
荘重な翁の舞、若さを代表する潑溂《はつらつ》とした千歳《せんざい》の舞、実りの精霊を呼び覚ますような三番叟《さんばそう》の舞に清められ、新しい一年が始まった。

翁《おきな》 あらすじ
「翁」は「能にして能にあらず」といわれ、別格に扱われる曲である。物語めいたものはなく、翁、千歳《せんざい》、三番叟《さんばそう》の三人の歌舞からなる神聖な儀式であり、演者は神となって天下泰平、国土安穏を祈祷する。

翁のように

天皇陛下がビデオメッセージを通じて「生前退位」に関する「お言葉」をおっしゃってから一年。一般の人々が素直に「生前退位」を支持した一方で、有識者らの考えは、一、生前退位を支持しない。二、支持するが現天皇一代限りの特例とする。三、支持し、皇室典範改正を行い生前退位を制度化する。の大きく三つの意見に分かれた。

この六月、退位を実現する皇室典範特例法が成立したが、その際に新聞等に掲載された識者の論考はそれぞれ興味深かった。

中でも他と比して独創的であったのが、小説『東京プリズン』などの著者である赤坂真理さんの視点であった。

赤坂さんは天皇陛下が生前退位をなさりたい、と思われることをしごく普通で自然の欲求である、と能「翁」を引き合いに出して述べていた。

「翁」は「能にあって能にあらず」と言われる特別な演目であり、国土安穏、五穀豊穣を祈る祝祷の歌舞である。

「翁」において特異なのは、能楽師が舞台に現れ、舞台上で面を付けて神を帯びた「翁」になるところを観客に見せる点である。舞い終えた後も舞台上で面を取って素顔になり退場する。

日本における天皇の即位と退位も原初はこの「翁」のようではなかったかと赤坂さんは言う。普通の人が途中で「神」を帯び、途中で「神」を脱ぎ、去る、と。

「翁」は芸ではなく、祈りそのものだ。平和や人々の安寧、土地の豊饒をたくさん祈っていただいたなら、素顔に戻っていただくのが普通だということであろう。

名取《なとり》ノ老女

先週、宮城県名取市文化会館で復曲能「名取ノ老女」を見た。この能は久しく途絶えていたものを、東日本大震災から五年となった昨年三月、国立能楽堂において、「復興と文化　特別編―老女の祈り」と題し上演されたものである。その際には平泉毛越寺の延年より「老女」も合わせて演じられた。老女がこれまでの人生への感謝と将来の平安を祈って舞った二つの舞は大変な反響を呼んだのだった。

その時から、演者や国立能楽堂の関係者らが実際の名取で演じたいとの希望を抱いており、今回それが叶ったそうだ。

能の筋は、名取にはかつて熊野に年詣でをかかさなかった女が住んでいて、今は年老いて叶わず熊野三山を勧請して祈りを捧げているところに、熊野権現の使役神、護法善神《ごほうぜんじん》が現れ、老女を祝福し国土安穏を約束する、というものだ。

名取市は東日本大震災で多くの人が亡くなり、傷つき、復興の途上にある地である。被災者にとって鎮魂と祈りは欠かせないもので、今回の上演は名取はじめ東北再生を祈って行われたものである。

解説の能狂言研究家、小田幸子《さちこ》さんが、この曲には個人の幸せを叶えそれが重なって全体の幸せとなるという考えがあり、参詣者を助ける神であり道を整える神である護法善神は復興途上の地への応援となっていると話された。

また、中世と現代、大きな神と小さな人、名取の説話と能、首都圏と地方など、それぞれを「つなぐ」ものになっているとも話された。

テーマがまさに今の物語で、古典芸能というより非常に現代的な演劇と感じた。

夢の国 夢の時間

今年の米アカデミー賞で、監督賞や主演女優賞など六部門で受賞したミュージカル映画「LA《ラ》 LA LAND《ラランド》」。

土地を表すLAND《ランド》の前にラララ、とスキャットの音声を加えた明るいタイトルなのかと思っていたら、違っていた。「LA LA LAND」とはロスアンゼルス、主にハリウッド地域の愛称なのだそうだ。あるいは、陶酔してハイになる状態を表しもする。さらには「夢の国」をも意味するそうだ。

映画は、カラフルな衣装をまとった出演者たちが渋滞中の高速道路で、車の上で、歌い踊る場面から始まった。開放感、躍動感、高揚感に満ちて、ここから「夢の国」の「夢の時間」が始まるのだと気持ちが高まった。

ロスアンゼルスは映画界や音楽界で夢を叶えたいと願う人々が集まる街だ。その街のコーヒーショップで働くミアは女優を目指しているが、オーディションには落ちてばかりだ。失意で街を歩いていた時、偶然耳にしたピアノの音に魅了されて、店に入っていくと、そこにはピアニストのセブがいた。彼はいつか自分のジャズバーを持ち、そこで好きな、しかし、少し時代遅れでもあるジャズの演奏を思い切りしたいという願いを持っていた。

偶然再会したパーティーからの帰り道、「素敵な夜なのに、一緒にいるのがこの二人じゃね」と歌い出した時には好意など感じていなかった二人が、街を見渡せる丘の上で踊り終えた時にはすっかり恋に落ちていた。

自身の夢を追い求め、また、互いの夢を応援しながら二人は共に暮らすようになるのだが、セブが生活のために加入したバンドが成功して忙しくなり、二人はすれ違うようになる。一方ミアは相変わらずうまく行かず、とうとう女優を諦め故郷に帰ってしまう。

彼女がいなくなったあと、セブが受けた電話はミアを女優の道へと誘うもので、セブはミアを夢の国に、ロスアンゼルスに、引き戻すため車を走らせる。

そして、ラストシーン。ミアがセブのジャズバーに入る。そこから、キューンと音を立てるように二人が出会った場所、時間に巻き戻され、次にはそこまで観客が見せられてきたものとは違う人生が早送りされる。

おや、先のは嘘でこちらが本当だったのか、と観客が思ったか思わないうちに、ミアがジャズバーに入ったシーンにまたも戻される。

これは、まるで能ではないか。大切だから時間がゆっくりと進み、また、大切だから凝縮されて時間が速く進む。早送りのシーンはまるで序の舞を見るようだった。

最後に見せるセブの笑顔が胸に染みた。そして、このような顔をつい最近能楽堂で見たと思った。能「小塩《おしお》」の後シテ業平の顔だ。

「小塩」は在原業平の霊が小塩山の咲き誇る桜に誘われて現れ、昔の恋を語り舞うという筋だ。伊勢物語によったもので、業平がかつての恋人藤原高子《たかいこ》、今は宮中に入って二条の后となった人に供奉《ぐぶ》して小塩山の氏神に詣でた時の話が下敷きになっている。

今はやんごとなき人のものになっているかつての恋人に、もはや触れることはできないが、触れないでもいつまでも大切に思っていることを伏し目がちな「中将」の面が伝えていた。かつて愛し合った時間は嘘ではない、としっとりした薄紫の装束の色が伝えていた。

ミアとセブ、彼らがお互いの夢を叶え、かつ恋を成就させたとしても、一緒になりたかったのに夢を追い求めるうちに別れざるを得なかったとしても、どちらでもよいことだと思われた。共に過ごした時間は本当にあったのだから。

花も忘れじ。セブが、業平が、目で語る。花も忘れぬ、とミアも高子も目で答えた。

夢か現か世人《よひと》定めよ。

夢なのか現実なのかそれは見ているあなた方が決めてください、と「小塩」はそう告げて終わる。夢の国「LA LA LAND」もまた。

小塩《おしお》 あらすじ

春、山城国大原（今の京都）。

都下京に住む男が花見に大原野を訪れる。花見に集う人々の中に桜の枝を持った老人が現れ、下京の男と言葉を交わし、在原業平の歌「大原や小塩の山も今日こそは神代の事も思ひ出づらめ」を口ずさみ消える。

やがて美しい花見車に乗った業平の霊が在りし日の姿で現れ、夜桜のもとで昔を偲び、舞を舞う。

小塩　佐々木多門師所演

毛虫の殿《との》

今年二〇一八年は北海道命名百五十年の節目の年で、道各地で記念の催しが行われている。この「北海道みらい事業」の一つである能の公演が七月北海道伊達市で行われ、私も長女を伴い、能楽の稽古仲間たちと一緒に鑑賞してきた。

伊達市という名前から推測されるように、ここは仙台藩伊達政宗の重臣であった伊達成実《しげざね》を祖とする亘理《わたり》伊達家の人々が、明治の代、新天地を求めて北海道に渡り開拓した土地である。北海道命名百五十年の記念に、亘理伊達家初代成実の生誕四百五十年をも合わせて記念し、彼を主人公とした能「摺上《すりあげ》」が演じられることになったのである。能「摺上」は仙台藩内で創作された秘曲。一九八九年に仙台市市制百年の記念に私の能楽の師、佐々木宗生師により「半能」として後半部分が舞われて以来、約三十年ぶり。今回は完全復曲であった。それを宗生師の子息佐々木多門師がシテとして舞う他、番組、解説文、舞台全般に目配りをされての公演だ。今回はまた、能楽では珍しく同時イヤホンガイドで解説がなされ、それも師が文章を作成された。

成実は、渡辺謙さんが伊達政宗を演じた一九八七年（昭和六十二年）のＮＨＫ大河ドラマ『独眼竜政宗』で三浦友和さんが演じていた。そう言えば、ああ、あの人物か、と膝を打つ人も多いのではないか。もう一人の最側近、片倉小十郎を西郷輝彦さんが演じていて、二人揃って非常に有能な参謀であったことが印象に残っている。印象に残っていると言えば、これから戦さという時だったか、戦さに勝ったという時だったかに、彼ら武将たちが謡ったり笛や大小太鼓で囃したりした場面だ。特に謡曲「田村」の最後の部分「まことに呪詛《しゅそ》諸毒薬《しょどくやく》念彼《ねび》、観音の力を合わせて、すなはち還著《げんじゃく》於《お》本人《ほんにん》、すなはち還著於本人の敵は亡びにけり、これ観音の仏力なり」はよく覚えている。その前年に謡と仕舞の稽古を始めた私はこの時まだ「田村」を習っておらず、何の曲かはわからないまま、リズミカルで、詞章が呪文のようだ、と面白がった記憶がある。そして何かにつけて、政宗は太鼓、小十郎は笛を演奏していたこともよく覚えている。

ちなみに、豊臣秀吉が自分の前で舞った七歳の少年があまりにも上手いので「七つにして太夫だ」と褒めたのが喜多流の祖で、この時のエピソードから喜多七太夫と名乗ることになるのだが、この場面を大河ドラマで舞ったのが少年時代の佐々木多門師である。

話を北海道に戻す。

百五十年前、戊辰戦争で「朝敵」の烙印を押され、領地を四百分の一に削られた亘理十五代当主伊達邦成《くにしげ》は「北海道開拓」という成功するかどうかまったくわからない未知の事業に活路を見出そうとする。明治政府から北海道移住と開拓地割り当ての許可を得るも、移住費用や開拓に要する費用の支援は一切なく、亘理伊達家は先祖伝来の宝物や装身具の類まで売り払って移住費用を捻出したという。北海道開拓にあたった多くの士族の中で亘理伊達家は最も成功した例と言われている。当主の邦成と彼に仕えた家老の田村顕允《あきまさ》が優秀で、移住の目的を明確にし、立てた方針が優れていたからだそうだ。

北海道開拓を成功させることで朝敵の汚名を返上することをまず大きな目的にする。政府の北海道開拓の目的が北方警備であるならば、帯刀を許され、武士としての活路を見いだせるだろう、と聡明に見込んでもいる。明治三年の第一期移住人員は二百五十人、戸籍は六十戸、孤独に耐えかねて逃亡、脱落する者を出さないために単身移住を許さず、戸主は夫婦連帯、人員の中には木挽き、桶屋、鍛冶屋、漁師を入れる、亘理伊達家中の士族は身分を一級進め、軽輩武士である卒の者は士に進めて励ます、移住者は各自半年分の米を持参する等々、移住の計画、要件は微に入り細をうがっており、覚悟のほどがうかがえる。邦成はアイヌの人々の集落のあるところを避け、あえて未開拓の原野を拓くことにする。アイヌの人々に対して常に礼節を重んじ、彼らの馬を無断で使用したり、住宅にみだりに立ち入ってはいけないなど規則を作り、家臣らも忠実に守った。そのため、アイヌの人々も親切に天候や土地の状態を教えてくれるなど争いは無かったそうだ。加えてこの地が北海道の中では比較的温暖であったことも成功の大きな要因であろう。

さて、私たちは一関を朝七時台の新幹線で発ち、函館北斗駅で在来線に乗り換え、洞爺駅には正午前に着いた。思っていたより北海道は近いと感じた。駅の隣でレンタカーを借り、娘の運転で伊達市に向かう。開演は十四時だ。会場のだて歴史の杜カルチャーセンターは北海道らしい広く大きな総合公園の中にあった。開拓の物語を、さっとではあるが、事前に調べて赴いた私には緑に広がる芝の公園にも堂々とした石の会館にも、原野がこうなったのか、とただただ感動するばかりだった。

会館内の特設能舞台で繰り広げられた摺上原の合戦の物語は、伊達成実の、すなわち伊達本家にとっても自慢の勝ち戦さだ。成実の兜《かぶと》の前立ては前進しかしない毛虫に倣った形で、決して後戻りしない強い意思を表現したものだそうだ。

北の原野に入植してから百五十年。後戻りしない精神を受け継いだ子孫らの開拓したその土地で、先祖がいかに勇猛に戦ったか、青葉山、宮城野、とゆかりの土地の名も織り込んで演じられた能「摺上」は私の心を強く揺さぶった。そしてまた、イヤホンガイドでなされた解説の最後に披露された邦成の和歌に胸が熱くなりもした。

春に見し都の花にまさりけり蝦夷《えぞ》が千島の雪のあけぼの

邦成が明治二年、入植地となる有珠郡モンベツに入り事前に視察した時に詠んだ歌だ。新天地が決まり安堵した心と、故郷宮城の春と別れる切なさの二つが込められているように思える。邦成は自らの心に生涯この歌を響かせていたのではないだろうか。

摺上《すりあげ》　あらすじ

能楽の盛んであった仙台藩で江戸期に作られた新作能の一つ。作者は仙台藩士の平賀蔵人義雅。摺上原の合戦を物語る勝修羅夢幻能の形式。

正月、磐梯山裾野摺上原。仙台の伊達家新春恒例の七種連歌に参加した法眼が京へ帰る途中、先祖ゆかりの猪苗代の天満宮を訪ねようとする。行く道で政宗の詠歌「七種を一葉に寄せて摘む根芹」を思い起こしていると、翁が現れ、それは春の七草に例えて七所の敵を政宗が従えた歌だ、と教え、法眼を天満宮に誘うとやがて消える。

法眼が先刻の翁が望んだ通り、音楽を奏でていると、華やかな武者が現れ、伊達成実であると名乗り、摺上原の合戦の様子を語り、仙台藩の栄を祝う。

悲しい仕事

『ミッション：インポッシブル』は好きな映画だ。トム・クルーズ※演じるスパイ、イーサン・ハントがどんな難しい指令を下され、それにどう応えるのか、どんなアクションをするのか、毎回楽しみに映画館に足を運んできた。

シリーズの中では第一作が好きだ。カフェの特大水槽を爆破させて大量の水が一気に溢れ出すその隙にイーサン・ハントが脱出するシーンや、変装してパーティーに潜入するシーン、ワイヤーで宙づりされたイーサンが地上ギリギリのところでストップするシーン、公開当時はまだまだ未来的なツールであったパソコンを操作してお金を一気に自分たちのものにするシーンなど、たくさんの印象的な場面があった。

その第一作と同じかそれ以上に好きな映画となったのが第六作『ミッション：インポッシブル／フォールアウト』だ。

『フォールアウト』は何者かに複数のプルトニウムが盗まれ、三つの都市が同時核爆発の標的になる。イーサン・ハントとそのチームにはそれを未然に防ぐミッションを与えられる。『フォールアウト』がシリーズ最高傑作と呼ばれるのは、これがアクション映画であるけれど、娯楽作品の枠に収まらない面があるからではないだろうか。

イーサンにはスパイという仕事柄愛する妻に危険の及んだ過去がある。その一件以来亡くなったことになって姿を消していた元の妻ジュリアに今回偶然再会する。

カシミールの荒涼とした山で顔を合わせた時の二人の顔。驚き、懐かしさ、切なさ。抑えた表情の中にすべてがこもっていた。一緒にはいられないけれど、お互いが未だに深い愛情を持ち大切に思っていること、相手の無事を常に祈っているのがわかる大好きなシーンだ。しかも、新しい人生を歩んでいるジュリアには新しい夫がいて、彼の前ではイーサンとジュリアは初めて会った人同士のように振る舞わなければならない。近寄りたくても触れることもできないのだ。

横障の雲の隔てか悲しやな。

能「烏頭」の主人公シテは猟師の亡霊だ。
生きてこの世にいる時は、親鳥の真似をして「うとう」と呼び、子が「やすかた」と応えるのを目掛けて捕えた。

とても渡世を営まば、士農工商の家にも生れず、または琴碁書画を嗜む身ともならず。

ただ明けても暮れても殺生を営むのは「烏頭」のシテもイーサン・ハントも同じだ。
「烏頭」のシテは、生きていくためには、他の生き物を殺さねばならない。それを悲しいと思いながらもそうせずには生きてはいけない人間の罪の原点を、猟師の姿に託して描いた能だ。
スパイのイーサン・ハントは国家のため、人々のため、善のために敵を殺す。人を殺す職業をどう思っているか、普通のアクション映画は突き詰めない。突き詰める必要もない。観客も善が悪を懲らしめてカタルシスを得るだけだ。しかし、『ミッション：インポッシブル』はシリーズのどれを見終わったあともどこか寂しい。作品の底に常に普通の生活、平凡な幸福を諦めたイーサンとそれに加えて普通の生活を送りたくても送れない俳優トム・クルーズの悲しみが横たわっているように感じられる。

鹿を追う猟師は山を見ずといふことあり。

しかし、一度仕事が始まれば、プロとしての矜持と目的を遂行する楽しさが満ちてきて、身の苦しさも悲しさも忘れて、「烏頭」の猟師は鳥を追い、スパイのイーサンは敵を追い、倒すのだ。そしてトム・クルーズは危ないアクションシーンも夢中になってスタントマンも立てずに自ら行うのだ。

「烏頭」のシテはあの世に行っても生前の殺生の罪で安らかな時などない、と訴える。『フォールアウト』のイーサンはこの世にいる時から既に安らかな時がなく、悪夢にうなされている。イーサンとジュリアがまたも別れる時、イーサンがいると思うだけで安らかに眠れるの、とジュリアがイーサンに言う。愛情深く、優しさと敬意に満ちた言葉だ。イーサンの仕事に対する理解と労わりが込められている。この言葉でこの世に安寧を与えるために平凡な幸福を諦めたイーサンは救われただろう。

「烏頭」のシテは化鳥となった「うとう」に激しく追い立てられ、やがて僧に助けてくれと頼んで消えて幕となる。生きるため、妻子を養うために行った生前の行為を悔やんで救われないまま何度でもこの世に現れる。
いずれ、どちらも悲しい仕事である。

注…【トム・クルーズ】米国の俳優、映画プロデューサー。一九六二年生まれ。一九八六年『トップガン』の世界的ヒットによりスターに。一九九六年『ミッション：インポッシブル』で初めて映画プロデューサー業に進出。『ミッション：インポッシブル』のシリーズでは過酷なアクションも原則スタントマンなしで臨んでいることが知られている。二〇〇三年主演を務めた映画『ラストサムライ』は明治初頭の日本が舞台であり、日本の俳優渡辺謙らも出演した。

秋風羽織《あきかぜはおり》先生

気が付いたら朝ドラファンである。

仙台の大学に通う長女を高速バスの停留所まで送る時間帯が、ちょうどＮＨＫ「朝の連続テレビ小説」の放送時間と重なっていた。カーテレビの画面は見えないものの音声だけを聴きながら車を走らせ、長女がバスに乗り込んだあと、しばらく停留所近くの空き地で朝ドラの残りを視聴してから家に戻る、という生活をしばらくしていた。二〇一三年『あまちゃん』『ごちそうさん』の頃である。

わが家からバス停に向かう道路は、ＮＨＫの電波事情が悪いところであるらしく、放送が遮断されることもしばしばだった。空き地も車を停めた場所次第で電波をキャッチできたりできなかったり、微妙な調整が必要だった。タイヤをちょっと前に転がしたり後ろに転がしたり、これもチューニングと言うのでしょう、車に謎の動きをさせては続きを見ていた。

二〇一四年『花子とアン』は好きな『赤毛のアン』の翻訳者村岡花子をモデルにした作品、二〇一五年の『あさが来た』は生命保険会社経営など女性事業家のさきがけとなった広岡浅子がモデルの作品で、この二作が今のところ私の中のベスト2だ。良い台詞を聞いて泣きたくて、朝見たのに昼もまた見て泣くのだった。

ここに新たに好きな作品が加わった。『半分、青い。』である。

台詞が良く、特に東京編の登場人物、主人公が師事する漫画家の秋風羽織先生が発する真実の言葉には心を揺さぶられてきた。もう一度、いや何度でも、彼の言葉に触れたいと『秋風羽織の教え　人生は半分、青い。』（マガジンハウス）を買った。

ものを創作する人間ならば、表現者ならば、肝に銘じておきたい言葉がたくさんあった。

「余計なことをする時間も、回り道も、あっていい。いろんなことがあって、すべてが、今につながっていく。あなたのように感じたり考えたりして生きていくのなら、それは、実りのある時間だ、と私なんかは思います」

「私なんかは思います」は秋風先生の口癖だ。

「うわっつらな言葉を並べても、感動を与える作品はできない」

「創作物は、人が試される。その人がどれだけ痛みと向き合ったか。憎しみと向き合ったか。喜びを喜びとして受け止めたか」

「リアルを拾うんだ。想像は負ける」

「心を動かされることから、逃げるな」

「自分の気持、感情と向き合うことは簡単なことではないかもしれないが、そうしなかったなら人生そのものがぼやけてしまう」と秋風先生は言い、「うれしいも悲しいも悔しいも大きく心が動くような現実は宝物だ」と弟子たちに言う。

主人公楡野《にれの》鈴愛《すずめ》が大切な人に去られて苦しい時、「自分の心を見つめ続けることが創作の原点なら、これは、苦しい仕事ではありませんか」と尋ねる。

秋風先生がすかさず答える。「見つめている時はな。だが、それが美しい物語に昇華した時に、そして、多くの読者が読んでくれた時に、君のその心も癒されるのだ」と。

苦しくても見つめ続けることで美しい物語に昇華されれば苦しみ甲斐もあるが、物語が紡げなければそれもまた苦しみの元になる。

主人公鈴愛のアシスタント仲間の一人、ユーコがシーナ&ザ・ロケッツの『ユー・メイ・ドリーム』を、この曲好きなんだ、と言う場面があった。「あなたの事思うとすごく胸があつくなるの」から始まり「それがわたしのすてきなゆめ」で終わる曲。この「あなた」はこの時のユーコにとっては漫画だろう。彼女が漫画家になる夢をあきらめて輸入家具屋さんと結婚しようとする時、家具屋さんはいい、一から家具を作らなくてもいいのだから、こういう仕事に惹かれる人間だったらよかった、と仲間たちに言う。事務所を辞めると決めたあとだったたか、アシスタント仲間と一日一緒に車に乗ってどこかに出かける。全員大はしゃぎの映像に『ユー・メイ・ドリーム』の音楽だけがずっと流れていた。

ほどなく、主人公も自分の才能の無さを認め漫画を描くことをやめる。そのあとは別の仕事につき、結婚をし、子どもを持ち、離婚をし、実家に帰り、そこでまた別の仕事をし、という具合に物語は進んでいく。このドラマはこれまでの多くの朝ドラとは異なり、一つの仕事を一途に追い求めていく女性が主人公ではなかった。思い付きのように何かに夢中になったり、成り行きで何かに一生懸命せざるを得ない人生だった。それでも最後にはくるっと回って、主人公を大切な人、大切な場所、大切な仕事に辿り着かせる。回り道も無駄な時間もすべてが今につながってくる。

人生もまた物語だ。毎日毎日少しずつペンを入れて自分という物語を描き続ける。秋風先生は教えてくれた。「この物語に締め切りはない。一コマ一コマ、丁寧に描きなさい」と。

「龍田《たつた》」をめぐる冒険

二〇一八年九月三十日、「一関喜桜会」の創立九十周年を記念した「喜多流　能楽祭」が開かれた。

七十周年の能楽祭当時に比べて会員数が半減していることが、当初「能楽祭」と大きく構えるのをためらわせた。しかし、いざ動き出してみると、会員の機動力は前回を上回る勢いであった。ひとつひとつやるべきことを重ねて迎えた朝には、心配なことはただ一つ、日本列島を直撃するという台風の影響だけであった。この朝、特別出演される喜多流職分の先生お二人が台風の影響下にある九州から駆けつけてくださることになっていた。また、雨模様であれば、会場に足を運ばれるお客様に気の毒だ。

先生方の飛行機は飛ぶだろうか、と気をもみながら午前中を過ごし、午後一番に先生お二人が大ホールに到着された時には、「今先生たちがキャリーケースをガーッと引っぱりながら楽屋に走って行かれましたっ」と臨場感たっぷりの報告が入り、その場にいた者たちから歓声が沸いたのだった。

今回の能楽祭で私は二十年ぶりに能を舞った。半能「龍田」である。

当初私は、舞囃子という能より短く面も装束も着けないで舞う形式で発表させていただくつもりにしていた。途中で演能を志願したのにはきっかけがあった。

能楽祭前年の、年が明けて間もない頃、たまたま付けたテレビに女性の冒険家が出ていた。その人は大学生の頃から、留学の機会があればすぐに応募する。アマゾン川をカヌーで下らないか、と誘われれば二つ返事で参加する。北極海を犬ぞりで横断しないか、と呼ばれれば、これもまたためらうことなく参加を決める。

年齢も私と同じくらい、出身地も新潟県と近いこの人が、恐れることなく冒険に挑戦できたのに、私はなぜ「冒険」をしなかっただろう、と自分を一瞬不甲斐なく思った。しかし、すぐに、いや、違う、違う、謡と仕舞が私の「冒険」だったではないか、と自然に思い直していた。そうであるならば、もっと高い山に登ろう、能を舞わせていただこう、と。

翌日先生に願い出、何か舞ってみたい曲はありますか、と問われた時には、自分の内面を仮託できる曲がいくつか用意できていた。能楽の稽古に理解を示してくれている夫への感謝や一生懸命に育ててきた子どもへの思い。愛情をテーマとした曲を自分の方に引き寄せて舞ってみたいとお伝えした。最終的に、恋する者へのひたむきな愛情を描く「井筒」と秋の名曲「龍田」のどちらかでと先生からご提案があり、「龍田」を選んだのだ。

「龍田」は優美な秋の景色の中、龍田の女神が舞を舞う美しい曲だ。秋の美しさを讃えるだけではなく、山河草木国土の安寧を祈る大きなテーマの曲だ。華麗であり威厳もある女神の、この世のすべてに対する深い愛の表現だ。

秋がテーマのダイナミックな曲を舞いたいと志願して始まった稽古であったが、稽古が深まり、能楽祭の準備が進むに連れて、私たち喜桜会にとって「龍田」はかけがえのない曲のひとつであったことに気付かされていった。喜桜会の名前の一字である桜と「龍田」の紅葉は春秋の象徴だ。対となる美だ。これ以上ない組み合わせ、能楽祭に舞う必然を感じた。

番組（プログラム）の中で紹介した和歌、謡曲に引かれる前の歌「今朝よりも龍田の櫻色ぞ濃き夕日や花に時雨なるらん」（七玉集・別名弘長百首）を尋ねて、国会図書館のアーカイブを調べたことも忘れられない思い出となった。

光も輝く千本の桜の栄行く春こそ久しけれ。


能楽祭の最後、これも喜桜会にとって大切な曲「嵐山」の詞章より附祝言が謡われた。

大きな冒険が無事終わった。

次の十年に向けた冒険がまた始まる。

龍田《たつた》　あらすじ

霜月、大和国立田（今の奈良県）。

南都の僧が大和の龍田明神に参ろうと龍田川を渡ろうとすると女が現れ古歌を引いて渡るなと制す。女は僧を明神へ案内し紅葉をご神木とすることなど述べ、自らを龍田姫と名乗り社殿へと去る。

夜半、龍田明神が姿を現し滝祭のことを述べ、龍田山の紅葉の美しさを称え、夜神楽を舞う。

龍田　千葉万美子

真央《まお》ちゃんと絃上《けんじょう》

フィギュアスケートをテレビで観戦するのを楽しみにしている。

ジャンプが高く着氷後の流れがあり、スピンやステップの技術がしっかりしていて、その上で身体の使い方がしなやかで、指先まで神経の行き届いた演技をする選手が好きだ。

現役選手なら二〇一八年シニアデビューしいきなりグランプリファイナルで優勝した紀平梨花選手や、ジャンプで転倒することがほとんどなく「ミスパーフェクト」と呼ばれる宮原知子選手のプログラムは美しいな、と思って眺めている。ロシアから次々出てくる強くて可愛い女子選手たちも素晴らしいが、日本選手の勝利のためにはあまり強くならないでもらいたいとこっそり願っている。

男子は羽生結弦選手、宇野昌磨選手の演技は技術力と表現力が揃っていて素晴らしいと思う。特に羽生選手のとてつもない強さには舌を巻く。強さや完璧さでは羽生選手の域にはないかもしれないが、パトリック・チャン選手の流れのあるスケート、ハビエル・フェルナンデス選手の色気のある演技も素敵だった。次々引退をしてもはやその演技を競技会で見られないのは残念だ。

アイスダンスではソチ五輪の金メダリスト、メリル・デービスとチャーリー・ホワイト組の華麗な演技。一枚紗の布がかかっているのではないかと思えるほど霞んだようなメリルの美しさは今も目に焼き付いている。

しかし、何と言っても最も好きなスケーターは二〇一八年四月に引退した浅田真央ちゃんだ。

フリープログラムが「仮面舞踏会」だったシーズンに真央ちゃんの演技に魅せられて、以来二人の娘ともども彼女を応援してきた。好きとなると勉強する性質の私だ。真央ちゃんの本、フィギュアスケートの本を読んで、技の種類や選手の名前など結構詳しくなった。

バンクーバー五輪前に出版された写真集の巻末に付いている応援葉書を次女が送ったら、所属先から真央ちゃんの写真付き葉書が届いて皆で感激したものだ。

ファンになったきっかけは「仮面舞踏会」だが、その時真央ちゃんの何がどう心を捉えたのか今もよくわからないでいる。

私ばかりではなく、日本中の人々が真央ちゃん、真央ちゃん、と親しみを込めて応援したくなるのはなぜなのか。ソチ五輪のショートプログラムでジャンプを失敗し、メダル争いから大きく出遅れた時の、日本中が空気の抜けたようになったのは何だったのか。フリープログラムのジャンプをひとつひとつ一緒に跳ぶように彼女に寄り添って、完璧な演技をし終えた時の感動は何だったのか。なぜ彼女は他の選手たちと比べて特別なスケーターとなったのか。捉え切りたいのだが、よくわからない。人の魅力とは不思議なものだ。

二〇〇五年、トリプルアクセルを跳ぶ天才少女としてシニアデビューした真央ちゃんはそのシーズンにグランプリファイナル優勝を果たし、たちまち全国の人々に愛される選手となった。

確かなスケートの技術と表現力、愛らしい容姿、無邪気な言動、素直な性格。人々に愛される美点がいくつも備わっていたことに加えて、フィギュアスケートというまだあまりファン層の広くない分野に出たほとんど初めてのスターであったことも、彼女一人に国民の視線が集中した理由だろう。人々が名前に「ちゃん」を付けて呼んだ幼い頃から活躍しており、その成長をずっと見続けてきた歴史のあることも、彼女を特別なスケーターにした理由かもしれない。

わずかな差で年齢の壁を越えられず出場が叶わなかったトリノ五輪。バンクーバー五輪では実力が拮抗しているライバルキム・ヨナ選手との戦いに敗れて銀メダル。今度こそ、と挑んだソチ五輪ではショートで大崩れをしてしまいフリープログラムでの追い上げでも追い付かずメダルなしに終わった。

私は一貫して遠くの偉大なコーチより近くで親身になって指導してくれるコーチに師事していた方が良かったのではないか、と思ってきた。

あの頃、バンクーバー五輪の前のシーズンあたりから、非常に大きな大会は別にして、タラソワコーチが帯同せず真央ちゃんが一人で競技会に出ているような姿がよく見られた。

タラソワコーチの振り付けた「仮面舞踏会」は最高に素敵なプログラムだが、もうその頃からカッと上がってカッと点で降りるような、着氷後の流れのないジャンプを真央ちゃんは降りるようになっていた。近くにコーチがいたら、ちょっとした乱れ、崩れをもっと早く指摘してあげることができていたのではないだろうか。

真央ちゃんを思うと能「絃上」が頭をよぎる。

「絃上」は琵琶の名手として聞こえた藤原師長《もろなが》が、奥義を極めようと、入唐渡天《にっとうとてん》を志して須磨まで下ったところ、立ち寄った宿の主夫婦、実は村上天皇と梨壺の女御、が琵琶と琴を合奏して聞かせる。その音楽の素晴らしさに師長は自身の慢心を恥じて大国を窺うことを断念する。

真央ちゃんは決して慢心したわけではなく、それこそ本当に奥義を極めたいと願って本場ロシアの最高のコーチに師事したのではある。

日本にも五輪王者を育てるだけの素晴らしいコーチがいるよ、と説得するには日本のフィギュアスケートはまだその実績を積んでいなかった。

真央ちゃんはオリンピックで自身が目標にしてきた金メダルを取ることは叶わなかったが、すべての三回転ジャンプを組み込んだ難度の高いプログラムを滑り切り、世界中のフィギュアスケートファンに得難い感動をくれた。そして、また一段特別なスケーターになった。

絃上《けんじょう》 あらすじ（観世流は「玄象」と書きげんじょうと読む）

秋、摂津国須磨（今の兵庫県神戸市）。

琵琶の名手、藤原師長はさらに奥儀を極めようと入唐を志し、まず摂津須磨の浦に着く。

そこで汐汲みの老夫婦に宿を借り、夜すがら師長は琵琶を弾く。ふとしたことで老人に音楽の素養のあるのを感じ取った師長が所望すると、老人は琵琶を、老女は琴を弾く。その堪能ぶりに師長が感じ入っていると、老夫婦は実は村上天皇と梨壺女御夫婦の霊で師長の渡唐を思いとどまらせようと現れた、と言い残し消える。

やがて、村上天皇の霊と琵琶の名器獅子丸を持った龍神が現れ、師長に獅子丸を渡し、天皇は舞を舞う。師長は入唐を断念し都へ戻るのだった。

紘上　佐々木宗生師所演

渋谷能

芸術はその昔、西洋では王侯貴族や教会、日本では貴族や将軍、大名といった後援者、パトロンの存在によって支えられていた。

パトロンは芸術家を経済的に支援し、作品の創造に重要な役割を果たした。その人脈や影響力によって芸術家の表現の場を広げることもした。

時代が下ってパトロンの列に資産家が加わっていき、さらにはパトロネージュ・システムから現代社会で周知の博物館、美術館、劇場、音楽ホール等に集まる多数の愛好家による支援システムに移り変わっていった。

さらに時代が下って、少子高齢化社会となった今の日本では、さまざまな分野でその愛好家頼みのシステムがもたなくなりつつある。古典芸能、美術、染色、織物、文学などがそうだ。

能楽を例にすれば、従来は愛好家のみを観客としてでも公演が成り立っていた。しかし、謡曲をたしなむ人々が順に年を取り、若い世代で新たに稽古を始める人が減少していけば、今後立ちいかなくなる時が来るのは必定だ。

そこでなされた試みの一つがクラウドファンディングだろう。インターネットを介して不特定多数の人々から少額ずつ資金を調達する手法だ。

能楽の文化を絶やさぬために、次世代を担う能楽五流の花形能楽師たちがクラウドファンディングで資金を集め、二〇一九年、全七回の「渋谷能」を催した。

クラウドファンディングという言葉は新しいが、寺院や仏像などを造営、修復するために個人から寄付を募る「勧進《かんじん》」のような手法は昔からあった。競馬の世界でも、競走馬に対し小口に分割された持ち分を通じて出資する「一口馬主」制度というものがある。

クラウドファンディングはいわば「一口パトロン」だろうか。

渋谷という最先端の地にある高層ホテルの中の洗練された能楽堂で催された「渋谷能」は、開催時間も能楽では珍しい金曜夜で、仕事帰り、アフターファイブに気軽に立ち寄れるように設定されていた。終演後には出演者と観客がお酒と軽食をいただきながら交流を持てる懇親会もあって、今観たばかりの能について観客が熱を込めて感想を述べたり、出演者の素顔に接することもできる魅力的な機会だった。

演目も能楽六百五十年の歴史で磨き上げられながら続いてきた定番の曲であるにもかかわらず、テーマとして祝（翁《おきな》）、親想う心（熊野《ゆや》）、正義（自然居士《じねんこじ》）、不条理（藤戸《ふじと》）、恋愛（井筒《いづつ》）、戦い（船弁慶《ふなべんけい》）と掲げられてみると、特に見慣れていない人には能へのアプローチがしやすいように思われた。

各回公演の前後に、主催の能楽堂から事前解説や演能レポートがメールで送られてきたのも良かった。掲げられたテーマよりさらに踏み込んで、若手能楽師たちや能楽堂のスタッフたちが現代の視点を織り交ぜて行った曲の解釈、演技のねらい、感想が面白かった。

たとえば、「自然居士」のテーマは「正義」とあったが、能楽堂スタッフがこの主人公を「スーパーボランティア」と今風の言葉で定義しているのが面白かった。

両親の菩提を弔うため布施を差し出したいにもわが身しかなく、身を売って身代衣《みのしろごろも》を捧げる少年。この少年に深く心を寄せた自然居士が人商人《ひとあきびと》から彼を救い出そうとするのがこの曲の筋だ。室町時代の、人買いなどが横行していた昔のこと、として捉えると物語は他人事になる。しかし、主人公を、災害があればその度被災地に分け入って人助けをしニュースやワイドショーにも取り上げられた「スーパーボランティア」に例えると現代にもありうる物語としてぐっと身近に感じられてくる。

自然居士とは容姿が優れ声も良い半僧半俗の説教者で、このような人は当時のスーパースターだったそうだ。

「喝食《かっしき》」の面はまだ前髪を残して若々しく、その直情的に表出される正義感といい、舞台全体に若さ、青さが横溢して、見ているこちらをハラハラさせる。少年を連れ去った人商人を、自然居士は預かった身代衣をさっと肩にかけて追いかけていく。その姿を能楽堂のレポートは「ストールのように身にまとい」と書いて、現代の観客に寄り添う。

アフターパーティーでは共演者である笛方の松田弘之師がこの夜のシテ佐々木多門師の息の深さに感嘆し、ワキ大日方寛《おびなたひろし》師の見事な悪役ぶりを称えていらした。地謡を担った喜多流の先生方が、装束が綺麗に着いていた、後見の狩野了一師が愛情深く着けたからだろう、と語ってくださった。

それらひとつひとつが「渋谷能」の魅力。

自然居士　佐々木多門師所演

ドレメ通り

目黒の喜多能楽堂へ向かう道は通称ドレメ通りと言う。ドレスメーカー学院略してドレメの服飾専門学校や短大の校舎がその通り沿いに立ち並んでいるからだ。

喜多の能楽堂に通うようになる前からドレメの名前はよく知っていた。母が若い頃、大学を出て結婚するまでの間、ドレメ式の洋裁を習っていた。結婚後は自分や子どもの普段着を手作りするのが実益を兼ねた趣味の一つで、母は、と見るといつもせっせとミシンを踏んでいた。

新聞紙を広げて色鉛筆で線を引き型紙を起こす。型紙ができたらそれを布に置き、待ち針で留め、型紙と布の境目の要所要所にヘラでぐぐっと印を付けた。印より縫い代の分を一センチほど大きく断ち、仕付け糸で仕上がり線を縫い合わせる。

洋服の形ができたら、それを着て体に合わせてみる。「仮縫い着せ付け」だが、母はこちらの作業の方こそ「仮縫い」と呼んでいた。仮に縫った洋服をそっと着て、しわの寄ったところを引っ張ったり、その逆に入れ込んだりして待ち針を打ち体型に合わせるのだ。スカート丈や袖丈もちょうど綺麗に見えるところでピンを打ったが、こちらは後に背が伸びた時、丈出しできるように多めに折り返しを取っていた。「仮縫い」が終わったら、針に気を付けて、と言われながらそっと脱ぐ。気を付けていても針の先が肌に触れてちょっと痛い時もあった。

洋裁は母だけではなく母の姉である伯母の趣味でもあった。私より十か月早く生まれた従姉の洋服を伯母はせっせと縫った。その洋服が従姉に小さくなると私のところに下がってきた。母がせっせと作った洋服と伯母がせっせと作った従姉のお下がりとで、私は小さい頃から衣装持ちだった。毎日違う洋服を着て小学校に通った。今もお洒落が好きなのは、小さい時からあんな風に母が着飾らせてくれたからだろう。

ドレメ通りでは、服飾の勉強をしている若い人たちから能楽堂に向かう年配の人たちまで、お洒落な人々をたくさん見かける。

この間もドレメ通りで素敵な装いの女の人を見かけた。

ドレメ通りの脇に寄って誰かを待っている様子の女性を追い越した途端に、その人からきらっと光が放たれた。

今まで感じたことのない、白くて清潔な光に驚いて、私も歩みをゆるめてそっと振り返った。紺色のワンピースを着て髪をふんわりと結い上げた若い女性の耳元に真珠が優しいアクセントになっていて、今しがたの白くて清潔な光の正体はそれと告げていた。

全身濃紺に真珠の白が効いている。だが、色彩だけではない。おしゃれとは、宝石を身に付けるとは、光を反射させ、光を味方にすることだ、とその女性が教えてくれていた。

また、ある時のドレメ通りで、白のレース地のミニスカートから細く長い脚を真っ直ぐ伸ばした若い女の子が姿勢良く歩いて行く姿に見惚れたこともあった。ドレメの学校へ向かっているのかと思っていたら、どんどん通り過ぎ、能楽堂の角を曲がったので驚いた。その日の公演の、若いおシテさんが目当てのお客様のようだった。同級生なのかしら。それともお稽古をしている人なのかしら。

臙脂色の麻のワンピース姿の女性。目深に被ったラフィアの帽子は彼女をくだけて見せていた。形のある帽子を能楽堂ではどうするのかな、と注目していたら、洋服と同じ色のエコバッグに入れ、座席の下にスッと収めていた。ああ、こんな風にすればスマートね、と思ったものだった。

昭和一桁生まれの母にとってよそ行きの洋服は洋装店で作るものだった。娘の私のよそ行きも時々は同じ店で誂えてくれた。お店はドレメ式で、オーナーの娘さんは東京のドレメで服飾を学んできた人だった。その時は知らなかったけれど、彼女は目黒で学んで帰ってきたのだった。

ボタンひとつ、ベルトひとつ、彼女がいい加減に選んだものはなかった。東京で仕入れてきたボタンを布の上に置いて、これかあれかと頭を悩ませていた。そうしてできたものは他の誰のものとも重ならない、世界に一着の洋服だった。

ドレメ通りにはボタン屋さんもある。私のあの時の洋服のあのボタンはここで買ったものだったのかな、と思いながら、でも、店に入ったことはまだない。手先が不器用な私。裁縫とは無縁で生きてきたからだ。それにファッション誌を見せると母がさっと作ってくれたから自分で縫物をする必要がなかったのだ。

わが家の娘たちはじめ孫娘合わせて五人の洋服をこれまた楽しみにせっせと縫ってくれていた母だったが、今は老いてもう誰の洋服も作らない。

車椅子に座った母は、所在ない時に自分の着ている上着の裾を三つ折りにして、見えない糸で運針の真似事をしている。

水と緑の街・広島

この夏初めて広島を訪れた。

広島駅から路面電車「広電」に乗って、十五分ほど、原爆ドーム前電停に降り立ったのは午前八時頃だった。昭和二十年、史上初の原子爆弾が投下された時間とほぼ同じ時間帯である。電停からぽんと降りた所に、想像していたより背の低い原爆ドームが日常との境目なしにあった。昭和二十年原爆が投下された「八月六日」に思いをはせながら、平和記念公園を巡った。慰霊碑の前では手を合わせた。

宮島行きの高速船に乗るため、元安橋のたもとに向かった。元安橋は爆心地から最も近い橋で、被爆当日特に多くの被爆者が亡くなった橋だ。火熱から逃れ川まで非難してきた人々が力尽きてこの橋で息絶えた。

この橋のたもとに、多くの女性が、可愛い、と叫んで写真におさめたくなるようなおしゃれなカフェがあった。

ここへ来るまでにも、大きな川を渡り、背の高いビルの林立を見て来た。広島は中国・四国地方最大の都市として活気づいている。川と緑とともにある美しい街との印象を受けた。

船着き場から船に乗った。船は元安川を一旦上流に上りすぐにくるっと向きを変え本川（旧太田川）に入った。広島の街並みを川から眺めた。

雁木《がんぎ》という階段状の船着き場をたくさん見かけた。旧市街地を流れる六つの川は、干満差の大きい広島湾の影響を受けて水位が変動しやすい感潮河川だそうだ。舟運物資の上げ下ろし、河川交通の発着場として用いられた公的な雁木の他に個人用の雁木を含めると市内には三百から四百もの雁木があるそうだ。

川は河口に近付くに連れ川幅を増し、悠々とした表情に変わっていく。

海に出ると急に速さを加えた船は宮島をめざす。次々に島影が現れる。この土地に生まれた人たちには川も海も水も近しいものだろう。瀬戸内海など自分の家の池、庭のような心持ちではないだろうか。

切手をめぐる旅

小学生の頃、切手を集めていた。

一歳上の兄が先に集めていて、自分のコレクションのうち複数枚ある切手は、惜しげもなくすべて一枚ずつ分けてくれた。それが私の収集の基となった。

初孫であったからか兄は母方の祖母に溺愛《できあい》されていて、切手収集の資金が潤沢であった。当時高価であった趣味週間シリーズの「見返り美人」や「月に雁」、通称「写楽」や国際文通週間シリーズの「蒲原《かんばら》」も兄は持っていて、それらも二枚あれば、高価であろうが、珍しかろうが、うち一枚を私にくれた。

兄と一緒にスタンプクラブの会員にもなっていた。毎月切手のカタログが届く。欲しい切手と同額の通常切手を封筒に入れて送ると、少しして目当ての切手が届いた。

カタログと共におまけとして消印の付いた外国の切手が大量に届いた。三角形の切手や丸い切手、バナナの形をした切手もあった。当時日本には四角い切手しかなかったから珍しかった。

エリザベス女王の肖像が描かれた切手も袋にたくさん入ってきた。それはイギリスのものだったり、カナダやオーストラリアのものだったりした。エリザベス女王はイギリスの女王様だと思っていたのに、別の国の女王でもあることを切手から知った。

切手には日本三景やお祭、名園のシリーズもあった。松島、天橋立、宮島。高山祭、相馬野馬追、祇園祭、秩父祭。偕楽園、後楽園、兼六園。金沢の兼六園以外はどこもまだ行ったことがない場所だった。

国立公園、国定公園の切手も集めた。後に日光や陸中海岸、磐梯朝日、蔵王などに行った時には、ここは切手で見たことがある、と心強く思ったものだった。

中でも私のお気に入りは趣味週間の切手だった。切手趣味週間の本当の意義は知らなかった。浮世絵や絵画を用いた芸術性の高い切手の美しさに、ただ魅了されていた。

二十代の頃、国立近代美術館を回っていたところ、土田麦僊《ばくせん》※の「舞妓林泉《ぶぎりんせん》」が不意に目の前に現れて驚いたことがある。その絵は一九六八年発行の趣味週間切手に採用されていたものだったが、小さい頃の友達に偶然再会したような、伝説の人と思っていたのに実在していたことを知ったような、不思議な気持ちになったものだった。

今あらためて調べて見ると、切手趣味週間は郵便切手が持つ「美しさ」や「芸術性」といった文化的価値を一般の人々に広く認識してもらうことと、切手収集の趣味の普及を図ることを目的としている、とある。私は企画者の意図にしっかり乗っていたようだ。

日本三景や日本三名園がそれぞれどこなのかも、それらをくくる名称も切手から教わった。国立公園、国定公園もいつか行ってみたい場所として心に刻まれた。

自分が子どもの頃に見ていた切手のほとんどがあの頃は遠い世界だったのに、大人になるに連れ、一つ一つ関わりのあるものになっていったことを幸せに思う。切手は私が住む小さな世界に設けられた大きな世界への扉だった。

昨年の夏、岡山、広島を旅した。

瀬戸内海国立公園は一九六三年発行、額面五円と十円の切手。日本三名園の一つ岡山・後楽園の切手は一九六六年発行、額面十五円。日本三景の一つ、安芸の宮島は一九六〇年発行、額面十円。

瀬戸内の島々と海とが織りなす穏やかな景色、その内に凛とした能楽堂を持つ美しい後楽園、島そのものが信仰の対象だった「神の島」宮島に、あの切手が誘ってくれた。

大きくなったね、よく来たね。

厳島神社は世界遺産シリーズ、二〇〇一年発行、額面八十円。広島の原爆ドームも世界遺産シリーズ、二〇〇三年発行、額面八十円。

これらの切手も子どもだった誰かのことを旅に誘っているだろうか。


注…【土田麦僊】日本画家。一八八七年新潟県佐渡生まれ一九三五年没。「舞妓林泉」は代表作のひとつ。

Beer

これからの人〜あとがきとして

昨年（二〇二〇年）六月、東京に住む姪に赤ちゃんが生まれた。コロナ禍の中、産前産後、定期健診に行くにも買い物に行くにもさぞ気を使っていることだろう、と案じてきた。

先頃、内祝いとともに赤ちゃんの写真が届けられた。生まれたての頃より一段とはっきりした顔つきになっていた。

黄色の丸いお昼寝マットの真ん中に赤ちゃんは寝かされ、その周りをプーさんやタオル地でできたぬいぐるみやサイコロなどのおもちゃでぐるっと囲んであった。

マットもおもちゃのひとつひとつも何もかもが新しく、見るからに清潔で、クリーム色や薄いピンクの優しい色合いで、マットの中の幼いあるじを柔らかく守っているのだった。

写真を眺めているうちに、この子は「これからの人」なんだ、と思った。この子の両親も若く、やはり「これからの人」なんだ、と思った。

自分のバトンを直接渡すわけではないけれど、次を引き受ける走者の存在が嬉しく、頼もしく、安心もしたのだった。

わが子たちが小さい時は私たち親もまだ若く、子どもを背負った上に自分自身がここからまたスピードを上げて走るくらいの気構えだった。

いつの間にか、スタート地点よりゴールの方が近くに見えるようになってきた身には、姪たちも赤ちゃんもきらきらとして羨ましくもあるのだった。

子育てで忙しくしていた日々、人生の先輩たちから「いいわねえ、大変でも今が花よ」としばしば声をかけられた。いたわりの言葉と思っていたがそればかりでもなかったのだ、とこの年になってわかってきた。（岩手日報二〇二〇年九月十五日付交差点「これからの人」）

ここに書いた姪は兄夫婦の長女で、随筆集冒頭に据えた「弱法師」を書いた頃はほんの幼児でした。この子が室内用ジャングルジムのてっぺんに上れたことを誇って、兄に「パパ、見てー、パパの目で見てー」と呼ぶ、と義姉が教えてくれました。二、三歳くらいの子どもでも父親が自分とは同じようにはものを見ていないことに気が付いており、しかし、誰よりもしっかり物事を「見ている」と信頼もしている。パパはパパの見方で、目で、見ているのだ、と確信している。この話を聞いたとき、私は子どもの健やかさに感じ入ってしまいました。それでは、私は、と問う気持ちも起きました。その答えが「わたしたちはみな弱法師である」であったと思います。師から贈られた能楽の解説書の「弱法師」の写真を見ながら、実際に観た師の舞台に思いを巡らせ、また「パパの目」という兄一家のエピソードも思い出していました。

これらの出会いや言葉がなかったら、私は「弱法師」を書いていなかったでしょう。きっかけをくださり、またこの出版にあたりたくさんのご助言、ご指導をくださった能楽の師佐々木宗生師、佐々木多門師に心より感謝を申し上げます。

また写真の提供を快諾してくださった喜多流の宗家預り・友枝昭世師、喜多流狩野了一師、同じく内田成信師、狂言和泉流「万作の会」様、中尊寺様、高橋朋子様、佐藤卓様に心よりお礼を申し上げます。写真の掲載をお許しくださった幸流小鼓方亀井俊一師、高安流大鼓方國川純師、香川靖嗣師はじめ喜多流の諸先生方にも厚くお礼を申し上げます。

「弱法師」に導かれて岩手日報紙上に長い間書く場を与えていただきました。岩手日報社様に深く感謝を申し上げます。

出版構想中に出会った美術作品とその作家の方々、写真家の方々、作品と私を結び付けてくださった画廊の皆さま方にお礼を申し上げます。偶然に女性が多く、このsisterhood《シスターフッド》—女性同士の優しくゆるやかなつながりがこれからも何か別の素敵なものを生み出すような予感がしています。

そして、丁寧に忍耐強く編集に携わってくださいました盛岡出版コミュニティーの栃内正行さまにお礼を申し上げます。

最後にいつも私の支えとなっている二人の母、二人の亡き父、そして夫、子どもたち、兄弟、親戚の皆にありがとうの言葉を贈ります。

おかげで、子どもの頃から好きだった本を読むこと、書くこと、おしゃれをすること、綺麗なものにふれること、二十代から始めた能楽—謡と仕舞と囃子の稽古、三十代からの子育てやその後の親の老いを見つめること、それらがぎゅっとひとつにまとまった本になりました。

ありがとうございました。

二〇二一年初夏

千葉万美子

主要参考文献

『能楽大辞典』小林責・西哲生・羽田昶／著、２０１２年（筑摩書房）
『謡曲集一・二』「日本古典文学全集」小山弘志・佐藤喜久雄・佐藤健一郎／校注・訳、１９７３年（小学館）
『能百十番 能鑑賞ハンドブック』増田正造／文、三上文規／写真、１９９６年（平凡社）

・本文中の筋も含め謡曲のあらすじ、注は文献以外に現行の喜多流謡本を参考にした。
・謡曲の名、詞章表記は喜多流に則った。（「弱法師」文中の「大原御幸」は観世流表記に従った。）

写真説明・協力一覧

P14「弱法師」シテ佐々木宗生師、大鼓國川純師（１９９３年12月4日、喜多流例会能、十四世喜多六平太記念能楽堂、撮影・あびこ喜久三）
P19「羽衣」佐々木多門師（２００３年8月14日、第27回中尊寺薪能、中尊寺白山神社能舞台、撮影・石田裕）
P24『She who Waits』ポール・コスバーグ作（ガラス鋳造作品・個人蔵、撮影・日の出写真館、協力・香希画廊、ギャラリー仲摩）
P29 茶碗 銘「皓月《こうげつ》」作・高橋朋子（個人蔵、撮影・木村直人、協力・金源堂）
P33「羽衣」友枝昭世師、小鼓亀井俊一師（２００９年11月28日、「喜多流能楽公演」盛岡市民文化ホー

ル、撮影・石田裕）
P41「羽衣」佐々木宗生師（1997年5月6日、齋藤式子記念「能・狂言の夕べ」、盛岡劇場）
P47・57「羽衣」千葉万美子（1998年11月8日、「能楽祭」一関文化センター、撮影・日の出写真館）
P52「鉢木」シテ佐々木宗生師、大鼓國川純師（1998年12月20日、喜多流例会能、十四世喜多六平太記念能楽堂、撮影・あびこ喜久三）
P56「羽衣」色紙、書・小嶋東鞠
P61「湯谷」佐々木多門師（2019年2月24日、喜多流自主公演、十四世喜多六平太記念能楽堂、撮影・前島写真店）
P68「イワツメクサ」（上・富山県五色ヶ原標高約2500m、下・富山県立山雄山標高約2800m、撮影・佐藤卓）
P72「湯谷」佐々木多門師（2019年2月24日、喜多流自主公演、十四世喜多六平太記念能楽堂、撮影・前島写真店）
P80「中尊寺白山神社能舞台」（提供、中尊寺）
P95「花月」色紙、画・松野秀世（個人蔵）
P101「猩々乱」佐々木多門師（2001年8月14日、第25回中尊寺薪能、中尊寺白山神社能舞台、2001年8月15日《17面》岩手日報掲載）
P102「中尊寺ハス（泰衡蓮）」（提供、中尊寺）
P106狂言「靫猿」野村万作師・野村萬斎師・野村裕基師（2004年11月「狂言ござる乃座30th」国立能楽堂、提供・万作の会、撮影・吉越研）
P118「羽衣」佐々木宗生師（2006年9月4日、北上・展勝地薪能、2006年9月5日《1面》岩手日日新聞掲載）
P122「烏頭」軸画（部分）、画・松野奏風、佐々木宗生師所蔵

P127「班女」佐々木宗生師、後見佐々木多門師（2007年8月26日「まほろば唐松定期能公演」秋田県大仙市協和「唐松城能楽殿」、撮影・石田裕）

P131 狂言「木六駄」野村万作師（2007年10月「万作・狂言十八選」中尊寺白山神社能舞台、提供・万作の会、SAP、撮影者・竹下光士）

P134・135「道成寺」佐々木多門師（2008年6月15日、中尊寺白山神社能舞台、撮影・石田裕）

P149「羽衣」友枝昭世師（2009年11月28日、「喜多流能楽公演」、盛岡市民文化ホール、撮影・石田裕）

P157「邯鄲」内田成信師（2010年12月5日、第12回「柊会」、十四世喜多六平太記念能楽堂、撮影・石田裕）

P160「冬の街灯」イメージ写真

P172「景清」シテ狩野琇鵬師、ツレ狩野了一師、大鼓國川純師（2012年10月28日、喜多流自主公演、十四世喜多六平太記念能楽堂、撮影・前島写真店）

P180「ウィリアム・モリスのファブリック」（協力・マナトレーディング株式会社、有限会社フォーライフ）

P189「鶴」佐々木多門師（2011年1月29日、碧水園能、碧水園能楽堂、撮影・石田裕）

P197「邯鄲」佐々木多門師（2014年10月17日、第5回「燦ノ会」、十四世喜多六平太記念能楽堂、撮影・前島写真店）

P212「小塩」シテ佐々木多門師、後見香川靖嗣師（2017年3月26日、喜多流自主公演、十四世喜多六平太記念能楽堂、撮影・石田裕）

P227「龍田」千葉万美子（2018年9月30日、「能楽祭」一関文化センター、撮影・日の出写真館）

P232「紘上」佐々木宗生師（1973年7月22日、喜多流例会能、十四世喜多六平太記念能楽堂、撮影・あびこ喜久三）

P236「自然居士」佐々木多門師（2019年6月7日、「渋谷能」第三夜、セルリアンタワー能楽堂、

撮影・山口宏子）
P245「瀬戸内・能楽堂をめぐる旅」（右2段目岡山後楽園・能舞台、左1段目宮島・厳島神社能舞台、ほか瀬戸内の風物、著者撮影）

初出一覧

弱法師　「岩手日報・岩手日報文学賞随筆賞発表」1997年7月11日
羽　衣　「岩手日報・みちのく随想」1997年9月21日
待つ―班女・She who Waits　『北の文学』第35号、1997年11月4日
関寺小町　「岩手日報・みちのく随想」1998年7月19日
清まはる　『万華鏡』第1号、1998年11月8日
敦　盛　「一関喜桜会主催能楽祭・番組」1998年11月8日
羽衣は何でできているか　『万華鏡』第2号、2000年9月23日
能楽祭　「一関文化協会会報・磐井のあゆみ第8号」1999年4月30日
鉢　木　『万華鏡』第2号、2000年9月23日
懐かしい空　「岩手日報・みちのく随想」1999年5月16日
湯　谷　「タウンすくらむぶる・平成11年5―6月号№75」1999年5月1日
今はまだ人生を語らず　「タウンすくらむぶる・平成12年3―4月号№80」2000年3月1日
地の星　『万華鏡』第3号、2002年6月25日
地塗りの色　『万華鏡』第3号、2002年6月25日

鴎外の文体と能　『万華鏡』第3号、2002年6月25日
能と川と橋　「岩手日報・みちのく随想」2001年8月19日
コンセントとしての能舞台　『万華鏡』第3号、2002年6月25日
烏頭紀行　『万華鏡』第3号、2002年6月25日
流されて　『万華鏡』第4号、2011年9月23日
取られて行きし　「岩手日報・みちのく随想」2002年11月17日
ひらくときひらくまで　「岩手日報社制作、福島民報社掲載・おくの細道その奥に迫る」2003年4月
靭猿　「一関市立山目小学校PTA会報・蘭梅№142」2003年12月18日
息をすること　「岩手日報・みちのく随想」2005年5月15日
ひぐらしと華の経　「岩手日報・交差点」2005年8月2日・16日
能とサッカー　「岩手日報・交差点」2005年6月15日
なほ美し　「岩手日報・交差点」2006年1月17日
展勝地薪能　「岩手日報・交差点」2006年9月12日
烏頭　「岩手日報・みちのく随想」2006年10月15日
根雪　『天気図』第5号、2006年10月20日
木六駄　「岩手日報・交差点」2007年9月25日
慈しみ　「岩手日報・交差点」2007年10月16日
道成寺　「岩手日報・交差点」2008年6月17日
師走の街で　「岩手日報・交差点」2008年11月30日
三番叟　「岩手日報・交差点」2009年1月27日
はろけくも　「岩手日報・交差点」2009年8月11日
洗練された質朴　「岩手日報・交差点」2009年11月17日

能というもの　「岩手日報・交差点」２００９年11月24日
空を恋う　「岩手日報・みちのく随想」２００９年12月20日
大人の醍醐味　「岩手日報・交差点」２０１０年１月12日
跡継ぎハムレット　「岩手日報・交差点」２０１０年10月26日
一畳台の宇宙　『万華鏡』第５号、２０１８年９月30日
降る雪に　「岩手日報・交差点」２０１１年１月25日
萬歳楽　「岩手日報・交差点」２０１１年５月31日
何かを感じて何かを伝えて　「岩手日報・交差点」２０１１年12月14・21日
ことばと一緒に　「岩手日報・交差点」２０１２年６月12日
さらばよ留まる　「岩手日報・みちのく随想」２０１３年８月18日
入格破格　「岩手日報・交差点」２０１３年５月14日
花子とアン　「岩手日報・交差点」２０１３年７月２日
アンのスクラップブック　「岩手日報・交差点」２０１３年７月９日
生きるとは　「岩手日報・交差点」２０１３年７月16日
四海波　「岩手日報・交差点」２０１３年７月23日
賢治とモリス　「岩手日報・交差点」２０１３年11月８日
義務と美しさと　「岩手日報・交差点」２０１３年11月14日
継　ぐ　「岩手日報・交差点」２０１３年12月17日
底辺と奥行き　「岩手日報・交差点」２０１４年３月３日
気持ちを込めずに　「岩手日報・交差点」２０１４年４月２日
女性のままで　「岩手日報・交差点」２０１４年４月15日
新しい方舟　「岩手日報・交差点」２０１４年11月７日

自　信　「岩手日報・交差点」２０１５年２月３日
モノは語る　「岩手日報・交差点」２０１５年６月９日
邯鄲の宿　「岩手日報・みちのく随想」２０１５年７月19日
真我を知れ　「岩手日報・交差点」２０１５年９月29日
最初のペンギン　「岩手日報・交差点」２０１５年12月８日
蘇える者 蘇えらぬ者　『万華鏡』第５号、２０１８年９月30日
翁　「岩手日報・交差点」２０１７年１月７日
翁のように　「岩手日報・交差点」２０１７年８月26日
名取ノ老女　「岩手日報・交差点」２０１７年10月10日
夢の国 夢の時間　「岩手日報・みちのく随想」２０１７年７月23日
毛虫の殿　「岩手日報・交差点」２０１８年７月24日
悲しい仕事　２０１８年夏、書下ろし作品
秋風羽織先生　２０１８年秋、書き下ろし作品
「龍田」をめぐる冒険　『ふみくら』第２号、２０１９年２月１日
真央ちゃんと紘上　『天気図』第17号、２０１９年５月31日
渋谷能　「岩手日報・交差点」２０１９年６月７日
ドレメ通り　２０２０年秋、書き下ろし作品
水と緑の街・広島　「岩手日報・交差点」２０１９年９月３日
切手をめぐる旅　「岩手日報・みちのく随想」２０２０年２月８日

※岩手日報の「みちのく随想」、「交差点」は本書掲載にあたり改題、加筆修正をしています。

著者紹介

千葉万美子（ちば まみこ）

富山県生まれ。青山学院大学文学部卒。結婚を機に岩手の人となる。平成元（1989）年小説『巻毛の獅子』（筆名石川万美子）で岩手日報「北の文学」優秀作賞を受賞。平成９（1997）年随筆「弱法師」で岩手日報文学賞随筆賞最優秀賞を受賞。平成17（2005）年４月から令和３（2021）年３月まで16年間岩手日報コラム「交差点」の執筆を担当する。またこの間平成20（2008）年から平成31（2019）年まで岩手日報随筆賞の選考委員を務める。平成10（1998）年より個人随筆集『万華鏡』を不定期に刊行し、令和３（2021）年現在まで５号を数える。能楽の稽古は昭和61（1986）年より始め、謡、仕舞を喜多流佐々木宗生師、佐々木多門師に、金春流太鼓を故大江照夫師に、高安流大鼓を國川純師に師事し、現在喜多流謡教士・舞教士。

わたしたちはみな弱法師《よろぼし》である

2021年５月23日　第１刷発行

著　者　千葉万美子

発行所　盛岡出版コミュニティー
〒020-0574　岩手県岩手郡雫石町鶯宿9-2-32
TEL&FAX　019-601-2212
https://moriokabunko.jp

印刷製本　杜陵高速印刷株式会社

ISBN978-4-904870-49-5 C0095